인도에서 온 허왕후,
그 만들어진 신화

許王后

인도에서 온 허왕후, 그 만들어진 신화

이광수 지음

푸른역사

서설

허왕후와의 인연

인도로 유학을 갔을 때가 1983년이니 지금으로부터 30년이 훨씬 지난 일이다. 인도사를 공부하기 위해 델리대학교University of Delhi 대학원 사학과 석사과정에 입학했고, 세부 전공으로 고대사를 택했다. 고대사 과목 중에 명문학銘文學(epigraphy)이라는 것이 있었다. 고대 문자를 해독하는 과목이었다. 영어로 에세이를 써야 하는 다른 과목과 달리 과학적으로 해독하는 것이 주였고 인도 고대사에 대한 기초 지식이 부족해도 그리 어렵지 않아 금세 이 과목에 깊이 빠져들게 되었다.

그런데 특이하게도 내가 아쇼까 비문에 적인 고대 문자를 해독하는 데 매우 뛰어난 소질을 보였다. 이를 의아하게 여긴 은사님이 비결이 뭐냐고 물어보셨다. 난 정확한 근거는 댈 수 없지만 한국 사람들이 지금 사용하는 한글 자모 체계와 그 고대 문자의 자모 체계가 매우 비슷해 둘을 비교해가면서 체계를 찾아보니 상당한 일관성을 가지고 있음을 알게 되었다고 말씀드리고 한글 자모 체계를 설명해드렸다. 은사님은 설명을 들은 후 한글이 산스끄리뜨 문자, 즉 범자梵字나 몽골의 티베트 문자인 파스파 문자와 관련이 있다고 알려주셨다. 한글의 기원을 범자에서 찾는 범자 기원설과 파스파 문자에서 찾는 파스파 문자설이다.

이후 내 박사학위 논문 주제는 자연스럽게 고대 한국과 인도의 문화 접촉으로 정해졌다. 하지만 훈민정음 창제는 고대가 아닌 중세의 일이었기 때문에 박사학위 논문에서 빠지게 되었다. 결국 이 문제는 내 관심에서 멀어졌고 자연스레 내 평생 연구 목록에서 제외되었다.

그러던 중 우연한 기회에 주인도 대한민국대사관으로부터 연락을 받았다. 한국의 모 방송사에서 가야국의 초대 왕인 김수로왕의 부인 허왕후許王后[1]가 아요디야에서 왔는지 여부를 추적하고 있으며, 이를 위해 고대 인도사 전문가 한두 분을 소개해줬으면 한다는 부탁이었다. 나는 두 분의 은사님을 소개시켜드렸다. 이런저런 설명을 듣고 난 후 두 분 은사 모두 지금으로서는 허왕후가 아요디야에서 한국으로 시집갔다는 것은 단순한 이야기에 지나지 않는다, 역사적인 사실로 밝혀지기 위해서는 근거가 될 수 있는 더 많은 사료가 필요하다고 했다.

이후 '허왕후'가 '고대 한국과 인도의 문화 접촉' 대신 내 박사학위 논문의 주요 주제로 자리 잡게 되었다. 그러나 이 연구를 적극 지지해 주신 첫 지도교수 데와후띠Devahuti 선생께서 갑자기 돌아가시고, 두 번째 지도교수가 된 슈리말리K. M. Shrimali 선생께서 세부 주제를 불교의 사상과 의례로 하자고 설득했다. 이에 동의하여 결국 난 고대 인도와 한국에 나타난 불교의 사상과 의례에 관한 연구로 박사학위를 받았다. 허왕후에 관해서는 전체 논문의 한 장 중 일부에서 간략히 언급했을 뿐, 자세한 연구는 진행하지 못했다.

허왕후 신화 만들기를 파헤치다

1990년에 인도사 전공 교수로 부임한 후 난 내 전공인 고대 인도 불교사에 관한 질문보다 허왕후에 관한 질문을 훨씬 더 많이 받았다. 어디를 가든 한국과 인도에 관한 이야기만 나오면 너나 할 것 없이 허왕후가 인도에서 왔음을 말했다. 인도에서 꽤 비중 있는 사람이면 누구든 예외 없이 한국에 왔을 경우 김해에 가서 자신들의 할머니이자 우리들의 할머니라는 허왕후릉을 참배했다.

교수가 되기 전 한국에 잠깐 들어왔던 어느 해, 난 허왕후가 아요디야에서 왔다는 신화 만들기의 주역인 아동문학가 이종기 선생을 만나 이 신화 만들기의 시발점을 찾을 수 있었다. 그리고 1992년부터 허왕후 신화 만들기를 본격적으로 파헤치기 시작했다. 우선 이종기, 김병모, 허명철 등이 내세우는 '쌍어문雙魚文' 등 허왕후 신화의 근거에 대해 비판하면서, 이는 결국 인도 고대사에서 가장 중요한 신화의 정치적 권력이라는 의미를 갖는 대서사시 《라마야나*Ramayana*》의 역사적 의미 및 불교의 역사 인식과 관련된 문제라는 사실을 알게 되었다.

나는 연구를 시작한 지 2년째인 1994년 〈고대 인도-한국 문화 접촉

에 관한 연구: 가락국 허왕후 설화를 중심으로〉라는 논문을 발표했다(《비교민속학》 10집, 1994). 간단하게 말하면 '허왕후는 인도에서 오지 않았다, 그는 가공의 인물이다'라는 주장이었다. 그러나 학계에서는 아무런 반응이 없었다. '허왕후가 인도에서 왔다고 주장하는 사람들이 내세우는 근거가 전혀 역사적 사실을 뒷받침하지 못하는, 사료로서 가치가 없는 것이라면, 그래서 그들의 주장이 틀렸다면, 도대체 허왕후는 누구인가? 그는 어떻게 해서 〈가락국기駕洛國記〉에 실려 《삼국유사》에 나타나게 됐는가?'라는 질문에 내가 제대로 답하지 못했기 때문이다.

몇 해가 지난 어느 날, 연세가 지긋한 김종석이라는 분께서 찾아오셨다. 자신을 허왕후 출자에 관심이 많은 향토사학자라고 소개한 그는 자신이 속한 김해김씨뿐만 아니라 허왕후가 인도에서 왔다고 주장하는 사람들의 엉터리 같은 주장이 도저히 말도 안 된다고 생각하고 있던 차에 우연히 내 논문을 봤다며 이야기를 좀 나누자고 하셨다. 돌파구를 찾지 못하고 있던 난 어르신을 반갑게 맞았고, 그를 통해 족보에 대해 많은 걸 배우고 자료 또한 확보했다. 그 결과 '도대체 허왕후는 어떤 존재인가? 어떤 과정을 거치면서 인도에서 온 존재로 날조되었는가? 왜 그런 현상이 일어나게 되었는가?'라는 질문에 대한 답을 찾아갈 수 있게 되었다. 〈가락국 허왕후 도래 설화의 재검토: 부산-경남 지역 불교 사찰 설화를 중심으로〉(《한국고대사연구》 31집, 2003)는 그 결과물이다.

허왕후 신화 만들기를 파헤치는 이유

허왕후 연구 논문 두 편을 발표한 1990년대부터 2000년대 초반까지 인도에는 힌두 민족주의의 광풍이 불어닥치고 있었다. 수구 광신자들은 정치권력을 위해 이슬람 사원을 파괴하고, 무슬림을 학살하고, 인도 고대사를 왜곡하기 시작했다. 그런데 그 중심에 허왕후의 고향이라는 '아요디야'가 자리 잡고 있었다. 라마Rama신이 전 세계를 정복하는 이야기가 담긴 힌두 민족주의의 경전《라마야나》신화로 역사를 대체하려는 움직임이 도처에서 벌어졌다. 이런 상황임에도 한국의 정치인들이나 외교관들은 허왕후가 인도에서 왔다는 이야기에 어떤 의미가 내재되어 있는지 제대로 파악도 못한 채 아무 생각 없이 동조하고 있었다.

이즈음 인도 정부는 내게 국제 심포지엄에서 연구 성과를 발표해달라고 세 번이나 요청했다. 들러리 서기 싫어 가지 않겠다고 했다. 그래도 허왕후 이야기가 '만들어진 신화' 임을 직접 밝히는 게 낫지 않겠느냐는 설득에 참석하기로 했다. 하지만 결국 중과부적이었다. 난 그저 곁다리에 지나지 않았다. 문제는 인도인이 아니라 한국인이었다. 그들은 이미 사이비 역사학에 심취해 있거나 깊은 연구를 하지 않은 연구자 혹은 정치인/외교관이었다. 그래서인지 대부분 허왕후 신화를 한국과 인도의 선린 교류의 매개로 삼아 양국 간의 우호를 증진하자는 대의를 내세우는 편에 함께했다.

이미 논문을 써서 역사적 사실을 학문적으로 밝혔으니 그로써 학자로서의 소임은 다 했다 싶었다. 하지만 그것으로 역사를 전공하는 지식인으로서 내가 수행해야 할 역할까지 마무리한 것은 아니라는 생각이 들었다. 논문은 전공 연구자가 아닌 일반 시민이 쉽게 접근할 수 있는 대상이 아니다. 연구는 논문으로 하더라도, 시민 교육은 대중서를 통해서 해야 한다. 처음 논문 쓸 때를 기점으로 삼으면 22년, 두 번째 논문이 나올 때를 기점으로 삼아도 13년이나 된 묵은 이야기지만, 이 안에 담긴 역사적 의미가 매우 현재적이고 실질적이라는 생각에 대중서로 쉽게 풀어내기로 마음먹었다. 이 연구가 단순히 역사적 사실을 규명하고 밝혀내는 것을 넘어 현 시대 한국과 인도가 쌍둥이처럼 앓고 있는 여러 역사 관련 문제들, 즉 역사 왜곡, 사이비 역사학, 역사 전쟁, 무기가 된 역사, 신화와 이데올로기, 정체성의 정치, 학살과 테러, 혐오 발언 등에 대해서도 고민할 수 있는 주제라는 판단이었다. 이것이 이 책을 출간한 이유다.

1000년의 신화, 허왕후

허왕후는 누구인가? 일반적으로 널리 알려진 사실을 대략적으로 살펴보자. 허왕후는 아유타국阿踰陁國 출신 공주다. 16세의 나이에 많은 수행원들과 함께 여러 가지 진귀한 물건들을 가지고 바다를 건너 김수로왕에게 시집을 가 왕비가 되었고, 태자 거등공을 낳았다. 157세까지 살았는데 죽은 후 구지봉龜旨峰 동북 언덕에 장사했다. 여기까지가 《삼국유사》 〈가락국기〉에 나오는 내용이다. 학자들 대부분은 허왕후가 김해에 왔을 때를 서기 48년으로, 그의 고향 아유타국은 인도 북부 내륙 한가운데 있는 아요디야Ayodhya라는 도시로 본다.

그런데 시간이 흐르면서 몇 가지 전설이 붙었다. 허왕후가 심한 풍랑을 만나 더 이상 항해하기 어렵게 되자 되돌아가 '파사석탑' 이라는 것을 배에 실었고 그런 후에야 무사히 김해에 도착할 수 있었다는 이야기가 《삼국유사》의 〈금관성 파사석탑〉조에 새로 실렸다. 여기에 허왕후가 오빠인 장유화상과 함께 왔는데, 그 장유화상이 불교를 들여왔다는 이야기가 새롭게 보태졌다. 또 허왕후가 아들 열 명을 낳았는데 첫째는 수로왕의 뒤를 이어 가야의 왕이 되었고, 둘은 허씨의 시조가 되었으며, 나머지 일곱은 산으로 들어가 신선 혹은 붓다가 되었다는 이야기도 만들어졌다. 최근에는 딸도 둘을 낳았는데, 그 두 딸이 일본으로 건너가 일본국을 세웠다는 이야기까지 덧붙여졌다. 오빠 장유화상의 합류와 아들딸을 낳았다는 이야기는 〈가락국기〉는 물론이고 《삼국유사》 어디에도 없다. 조선시대에 만들어진 이야기다.

개략적으로 보았지만, 허왕후 신화는 한날한시에 만들어진 것이 아니다. 처음 뼈대가 만들어졌을 때로부터 새로운 살이 붙은 가장 최근까지의 기간은 1000년이 훨씬 넘는다. 그 가운데 상당 부분은 이삼백년 전에 날조된 것이고 이는 지금 이 시간에도 계속되고 있다. 그런 점에서 허왕후 신화는 한국에서 만들어진 가장 대표적인 신화다.

허왕후 신화는 처음 만들어졌을 당시의 구조는 그리 복잡하지 않았으나 시대에 따라 당대 특정 구성원의 바람과 필요가 추가되어 많은 이야기들이 새로 만들어지고 확장되었다. 지금 우리가 알고 있는 허왕후 신화에는 삼국시대에 만들어져 그 시대의 역사적 사실을 담은 부분도 있고, 조선시대에 당대의 시대상을 담아 덧붙여진 것도 있으며, 1970년대 이후에 당시의 시대상을 담아 추가된 것도 있다. 여기에서 시대상이라 함은 신화 그대로의 역사를 의미하는 것이 아니다.

왜 허왕후 설화만 역사적 사실로 받아들여지는가

《삼국유사》를 보면 고대 한국과 인도의 접촉을 설화 차원에서 보여주는 것으로는 다섯 가지가 있다. 첫째, 아육왕阿育王이 보낸 황룡사 장육상皇龍寺丈六像 이야기,[2] 둘째, 가섭불연좌석迦葉佛宴坐石 이야기,[3] 셋째, 황룡사9층탑 관련 설화 중 신라의 왕이 인도의 찰리종刹利種이라는 이야기,[4] 넷째, 요동 육왕탑育王塔 이야기,[5] 그리고 마지막으로 아유타阿踰陁에서 온 공주 허황옥 이야기다. 이 다섯 이야기 가운데 나머지는 모두 이야기로서의 역사 기술로 받아들이는데 유독 허왕후 이야기만 실재의 사실로 간주하는 경향이 강하다. 이를 토대로 가락국과 고대 인도가 접촉했다고 믿는 사람들도 많다. 허왕후 설화를 사실로서의 역사로 간주하는 경향은 결국 가야를 한국 고대국가 가운데 유독 신비한 이미지로 덧칠했다.

왜 그럴까? 이 책은 바로 이 지점에서 출발한다. 이 책은 왜 유독 허왕후 설화만 역사적 사실로 받아들여지는지, 허왕후 설화가 처음 만들어진 이후 현대에 이르기까지 1000년이 넘는 시간 동안 끊임없이 증식하고 확장한 이유는 무엇인지에 관한 역사적 분석이다. 이는 왜 가야의 건국 신화만이 인도와 관련된 모티프를 가졌는가, 가야의 건국 설화가 활발하게 증식하고 확장한 것은 인도와 어떤 관계가 있는가에 관한 고찰이 될 것이다. 이에 대한 분석은 역사학과 사이비 역사학의 문제로 이어진다. 또한 그 사이비 역사학이 어떻게 만들어지고 그것이 사회에 어떠한 영향을 끼치는지에 대한 문제로 연결된다. '역사는 핵무기보다 무섭다'는 홉스봄의 명제는 여기에서 다시 한 번 유효하다.

차례

서설 005

1장 — 허왕후 설화의 탄생 018

허왕후 설화, 어떻게 만들어졌나 | 허왕후 신화의 뼈대 |
김유신계 가문을 위해 첨가된 허왕후 신화 | 허왕후의 신행 기록, 어떻게 읽을 것인가

2장 — 허왕후 설화의 확장 030

허왕후 설화, 실제 있었던 일인가 | 왕후사 창건, 역사적 사실인가 |
불교를 국가가 공인한다는 것 | 왕후사가 가야시대의 절인가 | 허왕후 설화, 확장되다

3장 — 허왕후 설화 해석의 문제점 040

허왕후에 의한 남방불교 전래설? | 고대 인도의 불교사관 |
스리랑카의 사서《마하완사》| 불교적 역사관은 역사의 신화화다 |
《삼국유사》, 고대 인도의 역사 인식에 따라 쓰인 사서

4장 — '아유타'를 통해 본 허왕후 설화의 확대재생산 052

'아유타'의 정체 | 힌두 제1의 신화《라마야나》|
《라마야나》이야기, 중국과 한국에는 언제 어떻게? | '아유타'의 전래

5장 — '파사석탑'과 허왕후 설화 066

파사석탑의 실체 | 허왕후와 파사석탑 이야기, 역사적 사실이 아니다 |
'인도', 불교의 나라가 되다 | 바다, 인도와의 접촉 통로

6장 — 조선시대 '허왕후'의 실체화 078

허왕후 설화, 새로운 전기를 맞다 | 허왕후의 역사적 실체화 |
'보주태후' 시호, 허왕후의 역사적 실체화 작업의 본격화 |
허왕후, 능을 통해 족보상의 지위를 확보하다

7장 — 허왕후릉의 조성과 설화 날조 혹은 창작 090

허왕후릉이 조성된 이유 | 허왕후가 열 아들을 낳았다는 모티프의 의미 |
허씨 성을 하사받은 아들은 둘인가 셋인가 | 칠선/칠불 신앙과 열 왕자 모티프 |
명월사의 날조 혹은 창작 | 장유사와 장유화상 | 불교 사찰이 주도한 허왕후 전설 확장

8장 — 무속과의 습합 108

보리암 설화, 허왕후 설화와 무속신앙의 융합 | 망산도 전설, 허왕후 설화와 지역 신앙의 결합 |
해은사 설화, 무속신앙이 허왕후 신화에 포섭되다 | 불교와 민간신앙의 습합 |
불교, 재가 신자들의 구복과 치병에 힘쓰다 | 통도사와 영축산 | 차가 인도에서 전래되었다?

9장 — 국가주의와의 연계 130

허왕후 신화, 진호 불교에서 중요한 역할 담당 | 불교의 진호국가 전통 |
'호국' 의례가 아니라 '벽사' 의례였다 | 허왕후의 딸이 일본국을 세웠다? |
허왕후 딸의 일본국 건국 전설이 확장되다

10장 — 사이비 역사학과 우파 민족주의 142

사이비 역사학과 허왕후 신화의 왜곡·확대 | 쌍어문이 허왕후 신화의 근거가 될 수 있는가 | 코끼리 그림과 활 그림 관련 주장도 비약일 뿐 | 수로왕릉 옆 비석의 문양, 무엇을 말해주는가 | 《가락국탐사》, 허왕후 신화 만들기의 시작 | 사이비 역사학에 의한 허왕후 신화의 확장화 | 인도사를 통해 본 허왕후 신화 만들기의 허점 | 허왕후의 출신지가 중국의 보주? | 불교 문헌, 사실 기록보다는 의미 전달 중시 | 파사석탑에 대한 과학적 검증 | 한국과 인도의 교류, 허왕후 신화가 확장되다 | 인도 우파 민족주의 세력의 역사 만들기에 이용당하는 허왕후 신화

11장 — 민족주의 신화와 국민 콤플렉스 그리고 무책임한 역사학계 174

허왕후 신화의 변천 과정 | 허왕후 신화의 확장 과정 | 사이비 역사학의 폐해 | 허왕후 신화의 '국민 신화'화 | 언론과 학계, 사이비 역사학의 확장에 일조 | 설화가 역사적 실체를 갖는 신화가 될 때 | 고대 사제와 근현대 학자들의 '역사 만들기' | 사회과학적 역사관 대 문학적 역사관 | 신화에서 역사 끄집어내기

주석 194
참고문헌 202
찾아보기 208

1 허왕후 설화의 탄생

허왕후가 인도에서 가락국으로 왔음을 알려주는 신화의 원형은 《삼국유사》 〈가락국기〉와
〈금관성 파사석탑〉에 등장한다. 이 두 설화 가운데 특히 〈가락국기〉에 나오는 부분이
뼈대의 원형이다. 그로부터 상당한 시간이 흐르는 동안
이 원형에 여러 전승들이 덧붙여져 신화가 확장되면서 〈금관성 파사석탑〉에 수록되었다.

허왕후 설화, 어떻게 만들어졌나

허왕후 신화의 주인공 허왕후는 역사 속에서 김수로왕과 결혼하는 실제 인물이 아니다. 모든 건국 신화가 다 그렇듯, 한 나라를 건국한 영웅에 대해서는 그를 둘러싼 신화가 만들어지기 마련이다. 나라가 어려움에 처할 때나 어떤 왕조의 통치권이 비로소 반석 위에 오를 때면 건국 시조의 후손들은 건국의 영웅을 신화로 윤색하여 찬양한다. 고려가 몽골의 침략으로 위기에 처했을 때 단군왕검 신화를 만들어 내부의 에너지를 분출시키려 한 것이나 조선 세종 대에 고려를 무너뜨리고 역성혁명을 일으킨 태조 이성계의 신화를 용비어천가龍飛御天歌라는 이름으로 찬양한 것은 모두 이러한 맥락에서 이해해야 한다.

고대 신화에는 일정한 패턴이 존재한다. 건국 시조의 왕비가 신화적 인물로 윤색되는 경우 그는 물이나 땅과 관련된 여신으로 등장한다. 종교학적으로 볼 때 물이나 땅은 다산多産을 희구하는 어머니로서의 존재다. 고구려를 건국한 주몽의 어머니 유화는 압록강 신 하백의 딸이고, 신라를 건국한 박혁거세의 부인 알영은 우물에서 나온 존재다. 허왕후 또한 이러한 신화의 일정한 패턴에서 벗어나지 않는다. 가락국의 시조인 수로를 신화화할 필요성이 생기고 그 필요성이 어떤 역사적 사실로 무르익자, 후손들은 그를 신격화하는 방법 가운데 하나로 그의 배우자를 물 혹은 땅에서 나온 존재로 만들었다. 그때가 언제인지, 수로의 배우자가 왜 바다에서 건너온 존재인지, 왜 인도로 해석되는 '아유타'라는 희한한 이름의 장소에서 건너온 존재가 왕비가 되었는지에 대해 하나씩 살펴보기로 하자.

다른 신화와 마찬가지로 지금 많은 사람들이 알고 있는 허왕후 신화 역시 처음 그대로의 원형이 아니다. 최초 만들어진 뼈대에 역사적 필요성에 따라 당시의 여러 설화나 지역의 여러 전승 등의 살이 붙어 오늘에 이른 것이다. 따라서 허왕후 신화를 제대로 이해하기 위해서는 그 신화가 맨 처음 등장하는 기록에서 원형을 추출해내는 작업을 먼저 해야 한다.

허왕후 설화의 뼈대는 《삼국유사》 〈가락국기〉의 수로왕 부분에 등장한다. 물론 이 신화는 수로왕이 실제로 살았던 서력기원 42년 이후 그의 재세기에 만들어진 것이 아니다. 대부분의 연구자들은 가락국이 멸망하여 신라에 병합된 6세기 이후에 만들어진 것으로 본다. 이 시기에는 불교가 매우 중요한 신앙 체계로 자리 잡았기 때문에, 허왕후 설화의 최초 원형에 불교나 '인도' 관련 설화나 전승들이 첨가되었을 가능성이 크다.[6] 허왕후 설화는 지금은 없어진 《가락국기》에 처음 등장한 이후 최근까지 민속 신앙의 여러 요소들과 끊임없이 섞이면서 확대되었다.

허왕후 설화가 확장되는 전체 과정을 보면 항상 특정 집단에 의해 주도적으로 이루어졌음을 확인할 수 있다. 주체는 때로는 왕족이기도 하고 때로는 가문이기도 하고 때로는 불교 사찰이기도 하고 때로는 사이비 역사학이기도 하다. 이 책은 허왕후 설화가 확장되는 과정을 고찰하는 동시에 그 과정에서 중요한 역할을 하는 특정 집단에 대한 역사적 의미 분석에도 집중하고자 한다. 이에 대한 분석은 한국의 다른 고대 건국 신화와는 달리 허왕후 설화만 유독 왕성한 확대재생산의 과정을 거치는 이유와 직결된다. 그리고 왜 이 설화가 항상 불교 사찰의 연기 설화와 연계되는가와 관련 있는 문제이기도 하다.

허왕후 신화의 뼈대

허왕후 신화의 뼈대를 찾는 작업부터 시작해보자. 허왕후가 인도에서 가락국으로 왔음을 알려주는 신화의 원형은 《삼국유사》 〈가락국기〉와 〈금관성 파사석탑〉에 등장한다. 이 두 설화 가운데 특히 〈가락국기〉에 나오는 부분이 신화의 뼈대다. 그로부터 상당한 시간이 흐르는 동안 이 뼈대에 여러 전승들이 덧붙여져 신화가 확장되면서 〈금관성 파사석탑〉에 수록되었다. 같은 《삼국유사》에 나오는 이야기라 할지라도 〈가락국기〉에 나오는 부분과 〈금관성 파사석탑〉조에 나오는 이야기는 만들어진 층위가 분명히 다르다. 전자가 먼저고 후자가 나중이다. 두 이야기는 아래와 같다.

> …… 왕과 왕후가 함께 침전에 들게 되었는데, 왕후가 조용히 왕에게 이렇게 말했다. "저는 아유타국의 공주인데, 성은 허씨이고 이름은 황옥이며 나이는 16세입니다. 본국에 있던 금년 5월에 부왕과 왕후가 저를 보고 말하기를, '아비와 어미가 어젯밤 똑같은 꿈을 꾸었는데, 꿈에 상제를 보았다. 상제께서는 가락국의 임금 수로는 하늘이 내려 왕이 되게 했으니 신성한 사람이며, 또 새로 나라를 세워 아직 짝을 정하지 못했으니, 그대들은 모름지기 공주를 가락국으로 보내 수로왕의 짝이 되게 하라 하고 말을 마치자 하늘로 올라가셨다. 그런데 꿈을 깨고 난 후에도 상제의 말이 귀에 남아 있으니 너는 여기서 빨리 우리를 작별하고 그곳으로 향해 가거라' 하셨습니다. 그래서 저는 배를 타고 멀리 신선이 먹는 대추를 구하고, 하늘로 가서 선계의 복숭아를 좇으며 반듯한 이마를 갖추어 이제야 감히 임금의 얼굴을 뵙게 된 것입니다"(《삼국유사》 〈가락국기〉).

금관金官에 있는 호계사虎溪寺의 파사석탑婆娑石塔은, 옛날 이 고을이 금관국이었을 때 시조 수로왕首露王의 왕비 허황후許皇后 황옥黃玉이 동한東漢 건무建武 24년 갑신에 서역 아유타국에서 싣고 온 것이다. 애초에 공주가 부모의 명을 받들어 바다를 건너 동쪽으로 향해 가려다가, 수신水神의 노여움을 사서 가지 못하고 되돌아왔다. 아버지인 왕에게 되돌아온 이유를 아뢰자 왕이 이 탑을 싣고 가라고 명했다. 그러자 곧 순조롭게 바다를 건너 금관국의 남쪽 해안으로 와서 정박했다. 그 배에는 붉은 돛과 붉은 깃발을 달았고 아름다운 주옥을 싣고 왔기 때문에 지금도 주포主浦라고 하고, 처음에 언덕 위에서 비단 바지를 벗었던 곳을 능현綾峴이라 하고, 붉은 깃발이 처음으로 해안에 들어왔던 곳을 기출변旗出邊이라고 한다. 수로왕이 황후를 맞이하여 함께 나라를 다스린 것이 150여 년이었다. 그러나 그때에는 해동에 절을 세우고 불법을 받드는 일이 아직 없었다. 불교가 아직 들어오지 않았기 때문에 그 지역 사람들은 불교를 믿지 않았고, 그래서 〈가락국본기駕洛國本記〉에도 절을 세웠다는 글이 없었다. 제8대 질지왕銍知王 2년 임진(서기 452)에 이르러서야, 그곳에 절을 세웠다. 또 왕후사王后寺를 창건하여서(아도阿道와 눌지왕訥祇王의 시대이니 법흥왕法興王 이전의 일이다) 지금까지도 복을 빌고 있으며, 아울러 남쪽 왜구까지 진압했다. 이러한 사실은 〈가락국본기〉에 자세히 보인다(《삼국유사》 〈금관성 파사석탑〉).

김유신계 가문을 위해 첨가된 허왕후 신화

〈가락국기〉에 의하면, 구간九干이 수로에게 결혼을 하라고 강권했는데 수로는 그들의 말을 듣지 않고 허왕후를 배필로 맞았다. 수로가 토착세력인 구간과 연합하여 왕권을 세웠지만 그들과 독립적인 관계를 유지했음을 추론할 수 있는 대목이다. 유의할 부분은 이 시기를 〈가락국기〉가 비정하는 서기 48년이라 말하기 어렵다는 점이다. 서기 1세기 당시 이 지역은 국가를 세울 정도의 물질 수준을 만들어내지 못했다는 것이 학계의 통설이다. 지금까지의 고고학적 발굴 성과를 통해 볼 때 국가가 형성되는 시기는 3세기 후반이다.[7] 허왕후가 실존한 인물이든 아니든 관계없이 적어도 그가 서기 48년에 가락국의 왕비로서 실존했다는 것은 역사적 분석을 통해서 보면 받아들이기 어렵다는 말이다.

허왕후 설화가 실린 《삼국유사》의 〈가락국기〉는 《가락국기駕洛國記》를 줄여서 채록한 것이다. 《가락국기》는 고려 문종 31년인 1076년에 편찬되었으나 지금은 사라지고 없다. 이 《가락국기》를 200년 후에 일연一然이 줄여서 《삼국유사》에 수록한 것이 지금 전해지는 〈가락국기〉다. 11세기에 편찬된 《가락국기》는 편찬된 당시로부터 적어도 800년 이전의 역사를 기술하고 있다. 이는 《가락국기》가 특정 모본을 참고했을 것이라는 추정을 가능하게 한다.

그렇다면 그 모본은 무엇일까? 현존하는 〈가락국기〉를 보면 《개황력開皇曆》 혹은 《개황록開皇錄》이라는 책을 참고로 했다고 한다. 《개황력》/《개황록》은 언제 편찬된 어떤 책인가? 《개황력》/《개황록》 또한 지금은 존재하지 않아 정확하게 단정 지을 수는 없다. 다만, 〈가락국기〉에서 《개황록》이 가락국 멸망을 언급했다고 한 것으로 보아 (그 《개황록》이 《개황력》과 동일하다면, 《개황력》도) 편찬 시기는 가락국이 멸망한 532년 이후일 것이다. 그러면 가락국이 멸망한 532년과 《가락국기》가 편찬된 1076년 이전의 시기에 《개황력》/《개황록》이 편찬된 것으로 상정할 수 있다. 이에 대해 김태식은 '개황'이 중국 수나라 문제의 연호이기 때문에 수문제 연간 581~600년 사이에 편찬된 것으로 봐야 한다고 주장했다.[8] 정중환은 개황을 '황조를 연다'라는 일반적 뜻을 담는 표기로 보고 편찬 시기를 후삼국부터 고려 사이의 어떤 시기로 보는 게 옳다고 주장했다.[9]

이영식은 편찬 시기를 다음의 두 가지로 본다. 첫째, 가락국의 후예로서 신라의 제1공신이 된 김유신의 탄생이 개황 15년, 즉 595년이었는데, 673년에 그가 사망하자 김유신의 후손들이 김유신 가문의 내력을 찬술하는 과정에서 《개황력》/《개황록》을 정리하여 가락국의 역사를 편찬했을 가능성이 있다고 본다. 이 경우라면 《개황력》/《개황록》의 편찬 연도는 673년 이후다. 둘째, 신라 중대의 마지막 왕인 혜공왕대(재위 765~780)에 김유신의 후예들이 가문의 몰락을 접하면서 자신들의 출신을 개황, 즉 황조를 연 가문으로 꾸미려는 목적에서 편찬한 것으로 본다. 《삼국사기》에 의하면 780년에 김지정의 난이 일어났는데, 이때 혜공왕이 처형당했다. 혜공왕을 마지막으로 무열왕계武烈王係의 직계 왕통은 단절되었고, 중대中代 신라가 끝나면서 왕위 투쟁과 호족의 난립으로 나라가 혼돈으로 빠지는 하대下代 신라가 시작된다. 이영식은 이 두 가능성 가운데 후자, 즉 혜공왕 대 미추왕릉 사건 이후가 편찬 시기로 더 가능성이 있다고 본다.

미추왕릉 사건은 경술년庚戌年(770)에 김유신의 혼령이 미추왕릉에 나타나 소리 내 울며 자신의 후손들이 주살된 것을 슬퍼하고 탄식한 사건을 일컫는다(《삼국사기》 권43 열전3 〈김유신 하〉). 신라는 삼국통일 이후 국가 제도를 정비하고 왕권을 강화하는 과정에서 여러 귀족들의 세력을 약화시켰는데 김유신계도 이 과정에서 크게 희생되었다. 혜공왕 대에 와서는 김유신계의 자손들이 반역죄로 몰려 처형당하고 결국 육두품으로 강등되기까지 했다. 이때 김유신의 현손인 김장청은 집사부 최하위 말단인 집사랑으로 떨어졌다. 김유신의 공훈을 정리하여 10권짜리 책으로 만든 이가 바로 김장청이니 《김유신행록》 편찬은 가문의 몰락이라는 역사적 상황과 무관하지 않았을 것이다. 《삼국사기》에는 《김유신행록》에 대해 “꾸며낸 말이 많아 떨구어버리고 그 마땅

한 것을 취하여 김유신의 전傳으로 삼았다"고 기록되어 있다. 여기서 도 짐작할 수 있듯 가문의 몰락이라는 현실을 출신에 대한 과장과 윤색으로 보상받거나 만회해보려던 심리를 《개황력》을 편찬한 동기로 볼 수 있을 것이다.[10]

요컨대 이영식은 미추왕 대 이후 김유신계가 몰락하자 김유신의 후손이 가야 가문의 복원을 위해 가야의 역사를 편찬해야 할 필요를 느껴 《개황력》을 펴낸 것으로 본다. 수로의 결혼 모티프 또한 김유신 가문의 신화를 만들 필요성이 제기되는 이러한 상황에서 형성되었을 것으로 추론할 수 있다. 처음에는 단순하게 수로왕이 모신母神으로 형상화된 여성과 결혼하는 구조였을 것이다. 삼국의 여러 개조 신화를 살펴보면 건국 시조의 배우자는 강에서 나왔든, 우물에서 나왔든 비교적 단순한 이야기로 되어 있다. 수로의 경우처럼 구체적으로 기록을 남긴 경우는 없다. 이 같은 사실을 상기해보면 허황옥 일행에 대한 자세한 기록은 후대에 덧붙여진 것으로 보는 편이 더 타당하다.

허왕후의 신행 기록, 어떻게 읽을 것인가

허왕후가 수로를 만나러 오는 신행新行을 묘사해놓은 〈가락국기〉 기사를 보면 매우 상세하고 구체적이다. 이를 두고 김태식은 실제 상황에 대한 기록이 아니라 중국 고대문학에 대한 지식을 과시하고 싶은 욕심에 사로잡힌 어느 문인의 글 솜씨일 뿐이라고 했다. 수로왕이 구간들을 보내 목련 노를 가지런히 하고 계수나무 노를 날려 왕후를 맞이하게 했다는 서술에 등장하는 목련 노와 계수나무 노는《초사楚辭》의 상군湘君이 상부인湘夫人을 해상에서 맞이할 때 나오는 〈계수나무 노와 목련 노〉 구절의 모방으로 실제 상황이라기보다 중국 고대문학에 대한 지식에서 나온 수사적 표현에 불과하다는 것이다.[11] 김태식은 허왕후를 따라온 신하들의 관직명에서도 이를 확인할 수 있다고 말한다. 당시 가락국에는 존재할 수 없는 중국의 매우 발달한 관직명이 등장한다는 것이다. 김태식은 허왕후의 배가 신선이 먹는 대추를 구하고 하늘로 가서 선계의 복숭아를 좇아 왔다는 표현 또한 중국 고사 문헌을 모방한 것이라고 말한다. 이는 한나라의 여러 물건들을 가지고 왔다는 표현 등을 통해서도 알 수 있다.[12]

허왕후가 수로왕릉으로 가면서 능현을 넘어갈 때 입고 있던 비단 바지를 벗어 산신령에게 폐백으로 드렸다고 하는 서술도 마찬가지다. 인도에서 왔다면 바지를 입었을 리 없고—1세기 고대 인도에서는 여성이 바지를 입지 않았다—바지 혹은 입은 옷을 산신령에게 폐백으로 바치는 것 또한 인도 문화 전통에서는 생각할 수 없는 행위다. 그것은 중국을 비롯한 동아시아의 결혼 풍습이다. 따라서 허왕후의 신행 길 풍경을 자료로 삼아 거기에서 역사적 사실을 추출한다는 것은 어불성설이다. 그것은 후대에 삽입된 문학적 표현일 뿐이다.

이 대목에서 짚고 넘어가야 할 것이 하나 있다. 여러 학자들은《삼국유사》에 나오는 허왕후의 신행 길 기사를 보고, 지명의 현재 위치를 찾아내는 작업을 한다. 그러나 승점乘岾이니 망산도望山島니 기출변旗出邊이니 하는 지명은 최초의 수로 결혼 신화 얼개에는 자세히 나오지 않았을 것이다. 수로의 비妃 허왕후가 바다에서 왔다는 신화의 원형은 《개황력》/《개황록》이든 다른 고기古記든 최초에는 단순한 형태였을 것이다. 그것이 차츰 확대되어가는 과정에서 승점, 망산도, 기출변 등이 덧붙여지면서 이야기가 만들어졌을 것이다. 중국 고대문헌에 대한 방대한 지식을 과시하기 위해 배가 들어오는 모습부터 가지고 온 물품, 수행원 등을 창작해 집어넣은 것이다. 따라서 현전하는 〈가락국기〉의 기사를 토대로 아요디야의 허왕후의 신행 길을 비정하는 것은 의미가 없다.

2 허왕후 설화의 확장

민간에 널리 퍼지면서 실제 역사의 동력으로 작용하여 민속놀이나 절을 만들어낸 것이다. 설화 속 합혼한 곳에 왕후사를 세운 예가 있다. 《삼국유사》〈가락국기〉조의 설화가 나타난 것만 보더라도, 허왕후의 도래 경로와 관련지어 민속놀이가 만들어지거나 허왕후 설화의 확장은 8세기 수로 신화가 만들어지면서 꾸준히 진행되었다. 〈가락국기〉에

허왕후 설화, 실제 있었던 일인가

허왕후 설화의 확장은 8세기 수로 신화가 만들어지면서 꾸준히 진행되었다. 〈가락국기〉에 나타난 것만 보더라도, 허왕후의 도래 경로와 관련지어 민속놀이가 만들어지거나[13] 설화 속 합혼한 곳에 왕후사를 세운 예가 있다. 《삼국유사》 〈가락국기〉조의 설화가 민간에 널리 퍼지면서 실제 역사의 동력으로 작용하여 민속놀이나 절을 만들어낸 것이다.

유의할 점은 이 같은 예가 허왕후 설화가 실제 있었던 일임을 증명해주는 근거가 되지는 않는다는 사실이다. 《삼국유사》에 허왕후 설화가 실린 시기에는 이미 그 설화가 민속신앙으로 활발하게 작동하고 있었다. 사람들이 민속놀이를 만들고 절을 세운 건 그래서였다. 일연은 전설을 채록하는 과정에서 어떤 절의 이름이 왕후사이고 왕후사가 허왕후가 수로왕과 합혼한 곳에 세워졌다는 설화를 듣고 그것을 기록으로 남겼을 뿐이다. 그는 왕후사가 452년에 세워졌는지, 설화를 바탕으로 8세기에 만들어졌는지를 파악할 능력을 갖추지 못했고, 굳이 관련 역사적 사실을 캐낼 필요성을 느끼지 못했을 것이다. 그러다보니 모순이 생길 수밖에 없게 되었다. 불교 승려로서 불교 특유의 신화적 역사관을 가진 일연은 자신이 파악하지 못한 모순을 (허왕후가 불교를 들여왔음에도) 불교가 아직 공식적으로 전래되지 않아 사람들이 그 사실을 파악하지 못했던 것으로 해석했다.

> 수로왕이 왕후를 맞아서 같이 나라를 다스린 것은 150여 년이다. 하지만 그때까지도 해동에는 아직 절을 세우고 불법을 신봉하는 일이 없었으니, 대개 상교(즉 불교)가 전해오지 않아서 이 지역 사람들은 이를 믿지 않았다. 그런 때문에 〈가락국본기〉에는 절을 세웠다는 글이 실려 있지 않다. 그러던 것이 제8대 질지왕 2년 임진년에 그곳에 절을 세우고 지금에 이르기까지 복을 빌고 있다(《삼국유사》 〈가락국기〉).

왕후사 창건, 역사적 사실인가

설화는 항상 그 성격상 기원의 시점을 가능한 한 더 과거로 끌어올린다. 허왕후 설화 또한 마찬가지다. 불교와 허왕후를 관련짓는 설화가 만들어진 이상 그것의 시원은 527년 불교 공인 이전으로 올라갈 수밖에 없었다.

왕후사가 법흥왕 이전에 세워졌다는 일연의 주석은 〈가락국기〉에는 없고 〈금관성 파사석탑〉에만 나오는 내용이다. 〈가락국기〉에 의해 전설의 주인공으로 떠오른 허왕후가 아유타국에서 왔고 아유타는 인도이고 인도는 불교의 나라이니, 허왕후가 그곳에서 불교를 들여왔을 것이라는 전설이 만들어졌다. 일연은 〈가락국기〉 이후 민간에서 만들어진 이 같은 전설을 채록하여 〈금관성 파사석탑〉에 담았던 것이다.

이와 관련해 학계의 의견은 서로 다른 부분이 있다. 김영태와 이영식은 수로 이후 질지왕 대에 왕후사를 창건한 것을 역사적 사실로 받아들이고 있다.[14] 가야와 비슷한 혹은 조금 앞선 시기에 국가 체제가 정비된 신라가 528년에 불교를 국교로 공인했고 첫 사찰인 흥륜사가 544년에 세워졌는데, 그보다 100년가량 앞선 452년에 가야가 불교 사찰을 세운 것을 역사적으로 가능하다고 보는 해석이다. 삼국 공히 불교를 공인한다는 것은 국가의 체계를 갖춘다는 의미다. 따라서 이 같은 관점에서는 가야가 신라보다 100년이나 앞서 국가 체계를 갖추었음을 받아들여야 하는 문제가 발생한다.

'5~6세기경에 신라와 백제 두 나라에서 불교가 이미 알려져 있었기 때문에 가야에서도 그 시기에 알려져 있었을 가능성이 있다'라는 주장은[15] 어느 정도 설득력이 있다. 하지만 그것이 단순히 불교신앙이 민간에 퍼져 있었다는 의미가 아니라 '왕후사'라는 국가가 인정한 절이 세워졌다는 주장이라면 받아들이기 어렵다. 당시 절은 국가 혹은 재가 사회의 물질적 후원이 있어야 건립이 가능했다. 국가가 통치 이념으로서도 아니고 단순히 시조의 합혼을 기념하여 종교를 공인하기도 전에 시조의 이름을 딴 절을 세웠다는 견해는 역사적으로 받아들이기 어려운 추론이다.

불교를 국가가 공인한다는 것

불교를 국가가 공인한다는 것은 불교를 사회의 지배 이념으로 삼아 국가의 기틀을 잡아가는 행위다. 불교의 특정 사상을 처음 세운 절의 이름으로 삼는 것은 이런 점에서 보면 당연한 일이다. 고구려의 경우 처음 지은 두 절의 이름이 하나는 이불란사이고 다른 하나는 성문사省門寺다. 성문사와 이불란사의 정확한 뜻은 알 수 없다. 성문사의 경우 《삼국유사》에는 '초문사肖門寺'라고 기록되어 있으나 《해동고승전》에는 '성문사省門寺'라고 되어 있어서 '초문사'를 '성문사'의 오기로 보는 것이 일반적 견해다. 《해동고승전》에 의하면 '초문사'는 흥국사興國寺와 흥복사興福寺를 가리킨다. 일연은 두 절이 국내성에 있었기 때문에 자신이 살던 당시 개성에 있던 두 절을 국내성의 두 절로 비정하는 의견을 받아들일 수 없다고 했다. 그러나 이보다는 그 두 절이 원래 국내성에 있었는데 나중에 평양과 개성으로 옮겼다고 해석하는 편이 더 타당하다. 대승불교가 고구려 땅에 들어올 때 고구려에서 '국가를 일으키는 것'과 '복을 일으키는 것'을 대승불교의 가장 중요한 이념으로 뽑고 이를 기틀로 삼았다는 것은 당시 대승불교의 성격상 충분히 받아들일 수 있기 때문이다.

신라의 경우도 마찬가지다. 첫 사찰인 흥륜사라는 이름에 윤회, 권선징악, 다르마(법)의 포교 등을 의미하는 '짜끄라chakra(輪)를 일으킨다[興]'는 사상이 녹아 있다고 보는 견해는 충분히 합리적이다. 그런데 이러한 당시 삼국의 경향과 관계없이 유독 가야에서만 개국 신화에서 따온 수로와 허왕후의 합혼을 기념하여 이름을 '왕후사'로 지었다는 것은 선뜻 받아들이기 어렵다. 국가에서 새로운 종교를 받아들이고 공인하는 것은 당시 사회 기득권층의 반발도 무마하고 백성들을 다스릴 이데올로기로 삼는다는 의미다. 이와 관계없이 시조의 결혼을 기념한다는 것은 종교를 정치적 이데올로기로 활용하던 고대 국가의 특징을 무시한 낭만적 해석이라고 하지 않을 수 없다.

왕후사가 가야시대의 절인가

'허왕후'라는 어휘의 등장과 관련해서 '왕후사'가 가야시대의 절이라는 주장 또한 받아들이기 어렵다. 452년 왕후사 창건이 역사적 사실이라면, 452년경에 수로가 불교의 나라 아유타국에서 온 허황옥이라는 여성과 결혼했다는 설화가 민간에 널리 퍼져 있었다고 봐야 한다. 그러나 이는 받아들이기 매우 어렵다. 불교의 나라로 알려진 인도의 상징으로서 '아유타'라는 어휘가 5세기 국내에 알려진다는 것은 불가능하다. '아유타'라는 어휘는 훨씬 후대에 삽입되었기 때문이다. '아유타'라는 이름의 도시가 고대 인도에 존재한 것은 5세기 중반부터 7세기 중반 사이로 추정되고 있다.

이뿐만이 아니다. 허왕후 설화대로라면 452년경 개국시조의 원형 신화로서 수로의 결혼 설화가 허왕후 신화의 뼈대로 이미 존재하고 있었다는 말인데 납득이 가지 않는다. 단순한 민간 이야기로서의 설화가 아니라 한 국가나 종족 혹은 특정 세계의 기원을 다루는 신화의 일부가 되는 설화는 그것이 만들어지는 역사적 상황이 반드시 뒤따라야 한다. 신화도 사건 내용을 전달하는 방식이 다를 뿐, 역사와 같이 특정 시간, 특정 사람들 사이에서 일어난 사건들에 대해 말하고 있기 때문이다.

신화는 사실 여부를 기록하는 역사와 같은 형식이 아닌 특유의 커뮤니케이션 방식을 따른다. 그렇다고 무조건 허구로 치부해서는 안 된다. 앞서 언급한 것처럼 역사적 사건을 다루고 있으므로 역사성을 담지할 수밖에 없다. 이런 점에서 신라의 질지왕 대에 가야의 개조인 수로의 신화가 만들어진다는 것은 역사적 사실로 받아들이기 어렵다. 질지왕 대에 수로에 대한 기원 설화가 만들어질 이유를 찾기 어렵기 때문이다. 수로에 대한 신성화는 신라의 가야 합병 후 김유신계가 자신들의 계보를 신성하게 만들기 위해 《개황력》/《개황록》을 만들면서 시작되었다고 보는 편이 타당하다. 수로 신화의 뼈대는 8세기경 김유신 가문의 신성화를 위해 개국시조 수로와 모신의 결혼 모티프를 차용해 신성혼의 신화로 만들어졌다. 그 후 설화가 민간에 널리 전승되는 과정에서 왕과 왕비의 합혼 장소가 비정되고 그렇게 확대된 설화 위에서 왕후사가 세워진 것이다.

허왕후 설화, 확장되다

왕후사의 역사성이라는 측면에서 또 하나의 사실을 보자. 〈가락국기〉에 의하면 왕후사는 452년에 세워졌다가 500년이 지난 10세기 말에 근처에 있던 장유사라는 절에 의해 폐쇄되었다고 한다.

> 시조 수로왕의 8대손 김질왕金銍王은 부지런하게 다스리고 정성스럽게 도를 숭상했는데, 시조와 허황옥 왕후의 명복을 빌기 위해 원가 29년 임진년(452)에 원군과 황후가 합혼한 곳에 절을 세우고 왕후사라 했으며, 사신을 보내 그 근처의 평전 10결을 측량하여 삼보를 공양하는 비용으로 삼게 했다. 이 절이 생긴 지 500년이 지나자 장유사를 지었는데, 이 절에 바친 전시가 모두 300결이었다. 그러자 장유사의 삼강은 왕후사가 장유사 시지의 동남쪽 지경 안에 있다고 하여 왕후사를 없애 전장으로 만들고, 추수한 것을 겨울에 저장하는 장소와 말과 소를 기르는 마구간으로 만들었으니 슬픈 일이다(《삼국유사》〈가락국기〉).

장유사 측이 왕후사를 없애고 그 자리에 장사莊舍, 창고, 마구간을 만들었다는 것은 왕후사의 의미, 즉 수로와 허왕후의 합혼 사실이 10세기 말 당시 민간인들에게는 인정받지 못했다는 것으로 해석할 수 있다. 달리 말하면, 8세기경에 김유신계의 족보 미화 차원에서 신화가 만들어지고 그 후 절도 세워졌으나 그렇게 만들어진 설화가 민간에 널리 받아들여지지 않았다는 의미다. 정치 차원에서 가야 김유신계 족보 미화 신화가 만들어졌을 뿐, 민간신앙 차원에서는 그것이 아직 인정되지 않았던 것이다. 이는 허왕후가 김유신계의 가문 신화에서 한 부분을 차지하는 설화의 주인공일 뿐 아직 역사적으로 구체적인 일과 관련한 주인공으로 만들어지지는 않았다는 의미다. 장유사가 왕후사를 없애버리는 일이 벌어지는 10세기경까지 허왕후는 아직 구체적인 역사적 사건을 만들어내는 동력을 갖춘 인물로 받아들이지는 않았던 것이다.

허왕후와 수로의 결혼 설화가 민간에 널리 받아들여지면서 자연적으로 경주 놀이가 생기는 것은 이 시기 이후다. 왕후릉이 비정되거나 족보에서 언급하는 등의 일은 훨씬 뒤인 조선시대에 접어들면서 일어난다. 허왕후가 인도에서 불교를 들여왔다거나 그와 관련하여 동생 혹은 오빠가 같이 왔다거나 자식을 몇 낳았다거나 하는 등의 설화는 그로부터도 몇 백 년이 지난 최근에 만들어진 것이다.

3 허왕후 설화 해석의 문제점

이 책의 가장 중요한 실마리이자 허왕후 설화의 중심은 '아유타'라는 어휘다. '아유타'는 언제 어떻게 〈가락국기〉에
등장하게 되었을까? 이를 파악하기 위해서는 우선 인도에서 형성된 불교의 역사 인식에 대해 살펴봐야 한다.
허왕후의 실체를 밝히는 데 가장 필요한 자료인 《삼국유사》가 불교 역사 인식에 기반하여 편찬되었기 때문이고,
'아유타'는 고대 인도의 역사 인식의 맥락에서 이해해야 하기 때문이다.

허왕후에 의한 남방불교 전래설?

왕후사와 관련하여 일각에서 주장하는 남방불교설에 대해 살펴보자. 가야/가락불교가 인도로부터 전래했다는 이른바 남방불교설을 주장하는 학자는 그리 많지 않다.[16] 하지만 주장의 자극적인 성격 때문인지 언론이나 일반 대중에 미치는 영향력은 무시하지 못할 정도다. 그들이 근거로 삼는 것은 크게 두 가지다. 하나는 《삼국유사》에 실린 여러 이야기에 붓다 혹은 불교와 관련된 것들이 나온다는 점이다. 예컨대 〈가락국기〉 기사 중 수로가 즉위 2년에 궁궐의 남쪽을 바라보면서 16나한이 살 만한 땅이라고 말한 부분, 〈어산불영魚山佛影〉조 기사 중 다섯 나찰녀가 붓다로부터 다섯 계를 받아 재해가 없어졌다고 하는 이야기 등이다. 다른 하나는 허왕후가 아유타에서 왔다는 것이다. 그들은 허왕후가 인도에서 왔고 불교를 가져왔다는 김병모나 허명철의 주장을 주석으로 덧붙이면서 무비판적으로 수용한다. 심지어 논증 과정에서 장유화상을 비롯한 여러 후대의 민간 설화 등을 근거로 삼는 등 전혀 학문적으로 받아들일 수 없는 방법론을 동원하여 자신들의 견해를 설파한다.

이러한 황당한 주장은 《삼국유사》에 담긴 불교사관에 대해 무지하기 때문이다. 불교사관은 과거를 기술하되 사건의 이성적 기록보다 기이紀異의 감성적 해석에 중점을 둔다. 또한 화자(혹은 찬자)가 사건을 목격하여 기록하는 것보다 자신의 느낌과 상상 속에서 이야기를 만들어가는 것을 의미 있게 여긴다. 이 때문에 후대의 삽입이나 윤색이 매우 많다. 따라서 불교사관에 입각하여 편찬된 사서의 기술을 객관적 사실로 인정하는 것은 있을 수 없는 일이다. 이런 맥락에서 허왕후가 인도에서 직접 왔다는 이야기, 그로부터 1000년이 넘는 시간 동안 확장을 거듭해온 이야기, 그리고 최근 200년 안에 만들어진 이야기 등을 근거로 삼은 주장은 유의미한 고려 사항이 아니다. 결론적으로 '아유타'로 나타나는 인도 모티프가 후대에 만들어져 신화의 뼈대에 삽입되었다는 점만 밝히면 가야 불교 남방전래설을 뒷받침할 만한 근거는 전혀 없게 된다.

남방불교설은 왕후사가 452년에 세워졌다는 《삼국유사》 〈금관성파사석탑〉 기사를 근거로 하면서 상당한 설득력을 확보하게 된다. 이와 관련하여 이영식은 고령군 고아동 벽화 고분과 합천군 옥전 M3호분, 함안군 도항리 8호분 등에서 출토된 연화문이 5세기 후반에서 6세기 중엽 가야 여러 나라에 불교가 존재했음을 보여주는 증거라고 주장했다.[17] 하지만 그러한 고고학적 증거가 당시 이 지역에 불교가 존재했다는 근거가 될 수는 있을지라도 허왕후에 의한 불교 남방전래설을 뒷받침하는 근거가 될 수는 없다.

이와 관련한 또 다른 견해로 남방 인종 유래설이나 벼 문화를 비롯한 일부 남방 문화 전래설도 있다. 그러나 서기 초기에 허왕후가 인도에서 바닷길을 통해 가락국으로 건너왔다는 것을 한반도 남방 인종의 도래설로 삼기에는 근거가 너무나 미약하다. 남방 인종이 한반도로 들어왔다면, 그 시점은 불교 발생보다 훨씬 이전일 가능성이 크다. 허왕후와 관계없이 남방 인종의 도래는 얼마든지 받아들일 수 있는 근거도 있지만 그것은 기원 초기 훨씬 이전에 일어난 사건일 가능성이 크고, 형질인류학이나 고고학의 영역에서 다뤄야 할 문제다. 그런 주장들을 사실로 받아들일 만하다는 이유로 그것이 남방불교 전래설로 이어질 수는 없다. 어떤 경우든 허왕후가 불교를 가지고 들어왔고, 그 근거가 왕후사라고 하는 주장은 받아들일 수 없다. 현재로서는 허왕후를 통해 불교가 전래되었다는 남방불교설을 뒷받침할 수 있는 근거는 존재하지 않는다.

고대 인도의 불교사관

이 책의 가장 중요한 실마리이자 허왕후 설화의 중심은 '아유타'라는 어휘다. '아유타'는 언제 어떻게 〈가락국기〉에 등장하게 되었을까? 이를 파악하기 위해서는 우선 인도에서 형성된 불교의 역사 인식에 대해 살펴봐야 한다. 허왕후의 실체를 밝히는 데 가장 필요한 자료인 《삼국유사》가 불교의 역사 인식에 기반하여 편찬되었기 때문이고, '아유타'는 고대 인도의 역사 인식의 맥락에서 이해해야 하기 때문이다.

고대 인도인에게는 우주와 사회에 관한 보편법의 권위가 국가 혹은 민족에 관한 권위보다 우선이었다. 그들에게 민족의 유래나 역사, 왕조의 계보 등은 관심거리가 되지 않았다. 오직 개인과 사회를 규정하는 보편법 체계만이 관심의 대상이었다. 따라서 왕의 법과 권위가 이 보편법에 종속되는 것은 당연하다. 물론 그렇다고 해서 힌두교의 교단이 보편법을 중심으로 형성되지는 않았다. 또한 보편법의 수립과 교육에 절대적인 권위와 권한을 가지고 있는 브라만 세력들이 중세 유럽의 가톨릭에서와 같이 경제적 조직력이나 그것을 기반으로 하는 정치적 결사체를 형성하지도 못했다. 브라만 세력의 실질적인 힘이 왕을 능가하지 못한 이유다.

그들의 세계관에 따르면 우주 세계와 사회의 질서는 나란히 영원토록 존속하는 것이다. 이와 달리 개인의 생명은 무한의 시간 속에 반복되는 여러 생명 가운데 하나이기 때문에 구체적이고 사실적인 의의가 부족할 수밖에 없다. 이러한 그들의 사회관은 이상적 사회 질서를 설정하고 그것을 항구적으로 유지하려는 노력으로 귀결된다. 고대 힌두의 역사 전통에서 사회 행위자가 실제로는 인간이지만 선인仙人이나 신神의 이름으로 나타나고 그러한 행위가 성스러운 구조 속에 표현되는 것은 이런 맥락에서였다. 따라서 과거의 일은 전형적인 신화로 표현되고 그 신화가 다루는 행위는 사실성보다는 당위성, 정당성이나 규범성의 의미를 우선적으로 가지게 되는 것이다. 정확한 연대라든지 사건의 전후 순서, 구체적 인물과 장소의 적시 등은 그들의 세계관에서는 아무런 의미가 없는 것이었다. 그들에게 역사의 주인공은 인간이 아니라 신이고, 현실의 역사는 신에 의해 계획된 영원의 세계로 진행하는 극히 하찮은 일부분일 뿐이다.

그들은 보편법적 당위성을 강조하기 위한 종교적 목적에서 행위의 상당 부분을 예술적 상상력과 상징을 동원하여 미화시킨다. 힌두교나 불교의 사관에 의해 편찬된 역사서 혹은 신화집이 사회 안에서 실제 일어난 인간의 행위를 시간의 순서에 따라 차례대로 기술되지 않고, 후대에 화자 혹은 찬자의 해석에 따라 '있을 수 있는' 일을 분식하거나 가공해서 앞부분에 삽입하는 일이 비일비재한 것은 바로 이런 맥락에서 이해해야 한다. 그리스의 헤로도투스Herodotus나 투키디데스Thucydides는 주로 자신이 목격한 것 혹은 타지로 여행 다니면서 직접 들은 것을 기준으로 삼고 그 위에서 역사를 기술했다. 하지만 인도에서는 그렇지 않았다. 듣고자 하는 사람의 요구에 따라 이야기를 만들었다. 고대 인도 역사관에 의거한 대표적인 역사서 혹은 신화집인《마하바라따*Mahabharata*》와《라마야나》—문제의 '아유타'는 이 신화의 본거지, 성도다—가 대표적인 예다. 현재 우리에게 전해지는《마하바라따》나《라마야나》모두 기본 뼈대는 기원전 400~200년에서 기원후 200~400년 사이에 만들어졌지만 원형은 그보다 훨씬 더 오래된 것으로 본다. 그리고 뼈대가 갖추어진 후 삽입, 윤색, 부회 등이 일어나면서 끊임없이 확장일로를 걷는다.

이 같은 인도 신화는 시대와 장소가 다른 환경에서 만들어진 여러 이야기들로 구성된다. 이 이야기들은 각기 다른 목소리들을 이어주면서 때로 모순되기는 하지만 전체적으로는 큰 주제, 예컨대 영웅 중심의 세상, 권선징악, 카스트 법도 등을 지킬 것을 가르친다. 이것이 그들의 '합리'이고, '역사' 인식의 중심이다. 결국 신화나 서사시를 역사의 한 원형으로 간주하지 않는 한, 고대 힌두교나 불교의 '역사'관은 서구에서 규정하는 엄밀한 의미의 역사와는 다르다고 할 수밖에 없다. 불교사관에 의해 기술된 사서 혹은 신화는 사실의 기록도 있지만, 만들어진 이야기도 있다. 이 점을 살피지 않은 채 《삼국유사》에 나오는 기사를 사료로 삼는 것은 역사학적 연구가 아니고 사이비 역사학일 뿐이다.

스리랑카의 사서 《마하완사》

이러한 역사 전통에서 크게 벗어나 있지 않은 불교사관으로 편찬된 사서로 스리랑카의 《디빠완사*Dipavamsa*》(도사島史)와 《마하완사*Mahavamsa*》(대사大史)가 있다. 《삼국유사》 이해를 위해 이들에 대해 살펴보기로 하자. 이 사서들은 모두 인간의 사회적 행위에 대해 분명한 시간과 장소와 인물을 구체적으로 드러내고, 과거의 사실들을 변화라는 관점에서 기록하고 있다는 점에서 분명한 역사 인식을 갖춘 사서라 할 수 있다. 그 가운데 모두 서른일곱 개의 장章으로 이루어져 있는 《마하완사》는 붓다가 스리랑카를 세 차례 방문한 '기이奇異'의 사건을 시작으로 역사를 기록한다.

《마하완사》는 붓다의 전기傳記로 시작한다. 전 세계는 붓다의 의지에 의해 움직이고 그 붓다의 의지를 대행하면서 인간을 지배하는 자에 의해 역사가 만들어진다는 것을 역사의 전형으로 삼고 있다. 이러한 전형적인 영웅사관에 입각해 스리랑카의 의미 있는 사건은 붓다 그리고 붓다의 이상을 정치적으로 실현한 대표적인 전륜왕(짜끄라와르띤chakravartin)으로 간주하는 아쇼까Ashoka와 연계된다. 때로는 '붓다', '아쇼까'와 직접적으로 연계되기도 하지만 때로는 그들과 관련된 상징으로 표현되기도 한다.

《마하완사》에서 중요하게 유형화되는 상징들을 보면, '붓다'와 관련된 것으로는 보리수, 붓다의 사리, 불탑, 불치佛齒, 불족佛足, 법륜法輪, 나가naga(뱀 혹은 용), 삼보, 전생불前生佛 등이 있다. 그리고 '아쇼까'와 관련된 것으로는 아쇼까왕탑,[18] 담마[佛法] 정복, 태자 마힌다Mahinda, 전륜왕 등이 있다. 그러한 연계를 통해 《마하완사》는 스리랑카라는 나라를 연 국조 비자야Vijaya가 스리랑카로 건너온 시간을 붓다가 대열반에 들어갈 때와 일치시키고, 스리랑카에서 처음으로 불교를 수용한 때를 아쇼까가 불교로 개종한 때와 일치시켰다. 불교를 수용한 왕의 이름 또한 아쇼까의 이름인 '데와남삐야Devanampiya'를 따 데와남삐야띳사Devanampiyatissa라 하고, 그 이름을 아쇼까 왕명으로 받아 즉위식을 거행하는 것으로 기록했다.

《삼국유사》에서 진흥왕을 아쇼까와 동시대로 놓고 그로부터 사신私信을 받는다거나 붓다 사후 100년 만에 아쇼까가 재위에 올랐다거나 〈원종흥법原宗興法〉의 시기를 눌지왕 때로부터 100년이 된다는 식으로 연계한 것은 영웅의 시간과 신라의 시간을 일치시키려는 불교 특유의 방식이다. 그 외 《삼국유사》에 나타나는 가섭불 연좌석 설화는 전생불 모티프를 통해, 요동성 육왕탑 설화는 아쇼까의 8만 4,000개의 아쇼까탑 조성 신화의 모티프를 통해 설화를 확장시키는 좋은 예다. 이 가운데 특히 아쇼까가 8만 4,000개의 탑을 조성했다는 모티프는 인도 외의 여러 지역, 즉 중국이나 한국 등지에서 사찰의 연기 설화를 인도와 연계시킴으로써 그 사찰 혹은 지역의 문화를 더욱 고색창연하게 만드는 좋은 장치가 되었다. 전남 장흥 천관산의 아육왕탑이 좋은 예다.

불교적 역사관은 역사의 신화화다

이러한 설화의 시간은 실제 역사에서 일어난 사건의 시간과는 전혀 관계없는 것이다. 단지 역사적 의미를 부여하려는 사건을 영웅의 상징과 연결시키는 역사 기술 방식으로 역사의 신화화라고 할 수 있다. 붓다가 대열반에 들어간 직후 100년 만에 1차 불전 결집이 이루어지고 1차 결집이 이루어진 100년 후에 2차 결집이 이루어졌다거나, 불법은 붓다가 대열반에 들어간 후 500년간 지속될 것이라는 등의 불교사 기술은 모두 이러한 역사의 신화화다. 이는 역사의 시간은 영웅을 중심으로 전개되고 그 원초적 시간으로 회귀하는 행위만이 역사적 의미를 지닌다는 불교적 영웅 신화의 기초를 이룬다.

따라서 역사의 신화화 차원으로 기술된 역사를 실제의 역사로 해석하는 것은 비합리적인 시도다. 모든 기록된 역사서는 그 사서의 기초가 되는 역사 인식의 성격을 먼저 파악하고 그 위에서 상징과 커뮤니케이션 방식을 이해하면서 해석되어야 한다. 고대 인도의 불교 세계에서 역사를 기록한 이들은 역사적 사건을 이른바 객관적 진실로 기록하고자 하지 않았다. 불교적 역사관은 사실의 기록이 아닌 세계의 해석을 더 중시했다. 그들은 역사를 거대한 우주적 질서 속에서 인간의 눈에 드러나지 않는 어떤 절대적 정신이나 기운에 의해 움직이는 것으로 보았기 때문에 인간의 눈으로 보는 사건을 유한한 시간과 장소로 파악하고 기록하지 않았던 것이다.

《삼국유사》를 해석하고 그 안에서 실제의 역사를 추출하려면 바로 이러한 고대 인도 불교 세계의 역사 인식을 염두에 두어야 한다. 《마하완사》에 나타난 스리랑카의 시초를 붓다의 내도來島로부터 시작하는 신화와 《삼국유사》에 나타난 신라의 시초를 가섭불迦葉佛과의 인연으로 두는 신화, 단군 신화의 환인을 제석천帝釋天으로 해석함으로써 한국의 시초를 불교와의 인연으로 두는 작업 등은 원초적 시간으로의 회귀를 꾀하는 시도이자 영웅의 시간과 일치시키려는 작업의 하나다. 이것이 결국 《마하완사》에서는 담마디빠dhammadipa[法島] 전통으로 귀결되고, 《삼국유사》에서는 불국토佛國土 전통으로 귀결되는 것이다.

담마디빠와 불국토의 전통에서 가장 두드러진 것은 국가 시조 신화, 전륜성왕 설정, 전륜성왕과 아쇼까와의 연계, 고승 열전 특히 국가주의에 입각한 고승들의 활약 중시, 사찰·탑상 연기 설화, 재가신자 공덕 설화, 국가의 승가에 대한 물질적 후원 등이다. 《마하완사》와 《삼국유사》에 나오는 숱한 예는 불교 역사 인식 특유의 국가주의로 귀결된다. 스리랑카나 신라 모두에서 불국토 설화는 종교를 통해 권력의 정당화를 꾀한 국가 중심의 정치적 역사 인식의 소산이다. 그러한 불국토 관념에 입각한 설화를 만드는 일은 사찰이 담당했다. 하지만 그 일이 널리 가능했던 것은 그러한 역할을 하는 불교에 대해 국가가 정치적·경제적으로 적극적인 후원을 했기 때문이다.

《삼국유사》, 고대 인도의 역사 인식에 따라 쓰인 사서

《삼국유사》는 고대 인도의 역사 인식에 의해 쓰인 것이다. 실증, 실체에 대한 기록이 아니라 경이에 대한 기술이다. 스토리텔링의 차원에서 볼 때 보고 목격한 것을 그대로 전달해주는 방식이 아니라 찬자가 자신이 해석하는 입장을 기술한 것이 대부분이다. 이야기를 하는 사람이 본 것을 전달하는 게 아니라 이야기를 듣는 사람이 상상하여 꾸며내 창작한 것이다. 이것이 그들의 역사 인식이다. 선덕여왕 여근곡女根谷의 기사 등 여러 가지 신이神異의 기사들은 모두 이 범주에 들어가는 것들이다. 그것들 가운데 상당수는 이야기를 만들어낸 사람 혹은 찬자의 해석이기 때문이다.

'아유타'의 정체는 이 같은 사료 해석 방법론에 입각하여 살펴야 한다. 〈가락국기〉에 나오는 허왕후 설화에는 '아유타'라는 어휘가 딱 한 번 등장한다. '妾是 阿踰陀國公主也(저는 아유타국의 공주입니다)'라는 문장 하나뿐이다. '아유타'라는 곳에 대한 기술은 전혀 없다. 가락국으로 오게 된 것도 꿈에서 허왕후의 부모가 상제를 만났는데 수로에게 가라고 했다는 언급밖에 없다. 반면 수행원 등에 대한 기록은 매우 자세하다. '아유타'가 실제 상황을 보여주는 어휘가 아니라는 점은 이를 통해 추정할 수 있다.

앞서 서술한 것처럼, 수로가 바다를 건너온 여성과 결혼했다는 설화는 8세기경 《개황력》/《개황록》이 편찬될 무렵 대강의 얼개가 형성되었을 것으로 추정된다. '아유타'라는 어휘는 처음에는 없었는데 얼마간 시간이 흐른 후 추가된 것으로 보인다. 여러 정황상 민간에 퍼져 있던 전설을 〈가락국기〉 편찬자가 채록한 것이라기보다는 편찬자 스스로 혹은 어떤 학자에 의해 불교적 세계관에서 매우 중요한 의미를 가진 세 음절의 어휘 '아유타'가 삽입된 것으로 보인다.

만약 인도를 의미하는 곳으로서 '아유타'가 민간에 설화로 널리 퍼져 있었다면, 즉 허왕후가 '아유타'라 불리는 불국토 인도에서 왔다는 설화가 민간에 널리 퍼져 있었다면, 그곳에 대한 허무맹랑한 이야기든 아니든 좀 더 자세한 기술이 등장했을 것이다. 그런데 '아유타'에 대한 아무런 기술도 없다. 기존의 이야기 얼개에 '아유타'라는 어휘만 누군가에 의해 삽입되었을 가능성이 크다고 보는 것은 이 때문이다.

4 '아유타'를 통해 본 허왕후 설화의 확대재생산

수로왕의 결혼 신화가 만들어진 것이 8세기 이후이므로 '아유타'가 추가된 것은 8세기보다 나중이다.
신화의 원형 상태를 가지고 있는 데 반해 허왕후는 어떤 수모신水母神 원형에 '아유타'가 후대에 추가된 것으로 보인다.
다산 숭배를 구성하는 요체다. 그렇지만 알영 설화가 신성족神性族 개념을 도입하여
〈가락국기〉의 허왕후는 박혁거세 신화의 알영처럼 고대 건국 신화에 나타나는 모신 왕비로

'아유타'의 정체

그렇다면 도대체 '아유타'라는 게 무엇이길래 갑자기 〈가락국기〉에 삽입되었을까? 혹자는 '아유타', 즉 아요디야가 불교 중심지라고 하는데 이는 사실이 아니다. 고대 인도의 아요디야는 붓다와 관련된 4대 성지나 8대 성지 그 어떤 범주에도 들지 않았고, 불교문화가 고대 인도의 다른 도시에 비해 특별히 융성하게 발달한 적도 없다.

'아유타'는 힌두 최고의 서사시 《라마야나》에 나타난 사리유Saryu 강안에 위치한 힌두 제1의 정치적 성도聖都 아요디야의 음차로, 그 신화 속에 나오는 도시일 뿐이다. 일반적으로 현 북부 인도 웃따르쁘라데시Uttar Pradesh 주의 아요디야라는 도시를 《라마야나》의 성도 아요디야로 본다. 하지만 인도 고대사에 의하면 신화상의 아요디야가 바로 지금의 아요디야는 아니다. 기원후 5세기 이전에 '아요디야'라는 이름을 가진 도시는 실제 역사에 존재하지 않았다.

신화 《라마야나》의 성도 아요디야는 역사적으로 존재한 어떤 도시를 모델로 하여 기술되었다. 바로 사리유 강안에 위치한 사께따Saketa다. 사께따는 붓다가 활동하던 기원전 6세기경 갠지스 강 중류 유역에 번성했던 20여 개 도시 가운데 하나로 당시 가장 강력한 왕국 중 하나였던 꼬샬라Koshala국의 수도였다. 사께따는 슈라와스띠Shravasti와 쁘라띠슈타나Pratishthana, 라자그리하Rajagriha와 바라나시Varanasi와 딱샤쉴라Takshashila를 잇는 북부 인도 교통의 요충지에 형성된 큰 시장을 가진 도시였다. 따라서 많은 군주들은 물론이고 붓다나 자이나교의 마하위라Mahavira와 같은 종교 지도자들도 많은 관심을 기울였다. 기원전 3세기 인도를 최초로 통일한 아쇼까도 이 도시에 큰 관심을 드러냈다. 사께따가 갖는 정치·경제적 필요성 때문이었다.

그러나 아쇼까 이후, 기원 초기의 꾸샨Kushan 시대를 거치면서 사께따는 중요성이 전대에 비해 많이 떨어졌다. 중국과 로마 사이의 실크로드 무역이 성행하면서 무역선상에 위치한 뿌루샤뿌라Purushapura, 마투라Mathura, 간다라Gandhara, 딱샤쉴라 등이 경제와 문화의 중심 도시로 부상했기 때문이다. 이 시기 실크로드를 따라 형성된 중심지에는 대승불교가 크게 성행했다. 반면 사께따 등 새롭게 부상한 실크로드 경제권에서 멀리 떨어져 있던 갠지스 강 유역의 도시들은 더 이상 과거의 영화를 지속하지 못했다.

굽따Gupta 말기인 5~6세기경 이후부터는 북부 인도의 많은 도시가 몰락하기 시작했다. 사께따도 그 가운데 하나였다.[19] 바로 이 굽따 말기인 5~6세기가 《라마야나》의 최종 편찬이 이루어지던 시기였다. 이

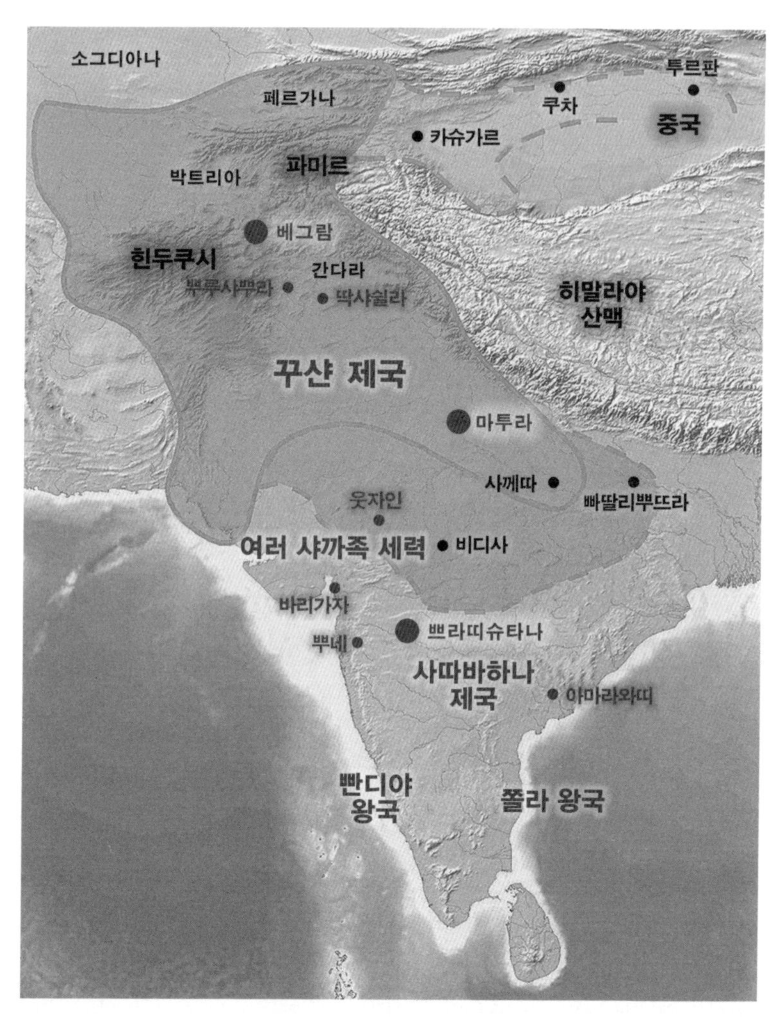

[그림 1] 서력기원 초기의 인도

때 '아요디야'라는《라마야나》의 성도가 실제 도시 사께따의 이름으로 치환되었다. 실제 역사에 있던 사께따가 신화에 나오는 아요디야로 불리기 시작한 것이다.

이는 당시 인도를 다녀간 중국 승려들의 기록을 통해서도 확인할 수 있다. 법현이 기원후 5세기 초에 인도를 다녀와 남긴《불국기》에는 '사께따沙祇'에 대한 언급은 있지만 '아요디야'에 대한 언급은 없다. 기원후 7세기 중반에 인도를 다녀온 현장玄奘은 '아요디야'라는 이름의 도시에 대해 상세히 언급하고 있다. 이 두 기록은 도시 아요디야가 역사적 의미를 갖는 성도로 자리 잡은 것이 법현이 다녀간 후 현장이 다녀가기 전, 즉 5세기 중반부터 7세기 중반 사이일 것이라는 추론을 가능하게 한다.

힌두 제1의 신화《라마야나》

힌두 제1의 신화《라마야나》는 기원후 5세기경에 최종 편찬되었지만, 그 근간은 훨씬 이전에 형성되었다. 기원전 6세기경 갠지스 강 중상류 유역에는 발달된 도시 문명을 자랑하던 열여섯 영역 국가시대가 전개되고 있었다. 이 시기 꼬살라는 마가다와 최후까지 패권 다툼을 벌이던 가장 강력한 국가 가운데 하나였다.《라마야나》는 이 꼬살라 안에서 만들어진 라마 영웅담에 여러 이야기들이 합쳐져 형성된 대서사시다. 줄거리는 다음과 같다.

옛날 옛적 갠지스 강가에 자리 잡은 꼬샬라국은 아요디야를 수도로 하여 다샤라타Dasharatha 왕이 잘 다스리고 있었다. 천상의 주主인 비슈누Vishnu가 다샤라타 왕의 적장자인 라마로 태어난다. 라마는 시따Sita와 결혼했는데, 음모에 빠져 상속권을 빼앗기고 시따와 동생 락슈마나Lakshmana와 함께 숲으로 유배되어 14년을 지낸다. 어느 날 랑까Lanka의 마왕 라와나Ravana가 부인 시따를 납치해 가버리고, 라마와 락슈마나는 시따를 구하러 떠난다. 수많은 모험 끝에 그들은 원숭이들의 왕 수그리와Sugriva와 동맹을 맺고, 원숭이 장군 하누만Hanuman의 도움을 받아 랑까를 공격한다. 전쟁에서 승리한 라마는 라와나를 죽이고 시따를 구한 후 아요디야로 돌아와 백성들의 환영 속에 왕이 되어 나라를 잘 다스린다.

이 신화는 갠지스 문명, 즉 남성 중심의 가부장적 관념과 카스트 혈통사회의 토대 위에서 형성된 이야기다. 《라마야나》는 라마 신이 힌두 최고의 신 비슈누의 화신으로 통합되면서 신성성을 띠기 시작했다. 기원후 5세기경 굽따 시대에 이르러서는 범힌두사회 문화를 구성하는 제1의 신화로, 신화의 주인공 라마는 이상군주로, 아요디야는 이상정치가 펼쳐지는 성도로 자리 잡았다. 이는 갠지스 강 유역을 벗어난 인도아대륙 안이든 그 밖 동남아든 관계없이 《라마야나》를 받아들이고 널리 읽은 사회는 힌두 문명의 요체인 농경, 카스트, 가부장, 대가족 중심의 사회 구조와 권선징악, 효, 형제애, 남존여비, 여필종부 등의 관념을 보편적 가치 체계로 수용했다는 의미다.

이러한 가치 체계를 지닌 《라마야나》는 기원전후 시기부터 10세기경까지 남부 인도와 동남아시아의 여러 지역에 전파되어 사회의 기틀을 잡고 국가의 기반을 다지는 이데올로기로서의 역할을 충실히 했다. 《라마야나》가 널리 받아들여진 곳에서 '아요디야'는 힌두 세계의 중심, 즉 인도를 의미하게 되었다. 《라마야나》 이야기는 스리랑카, 미얀마, 태국, 인도네시아, 베트남, 캄보디아, 라오스 등은 물론이고 필리핀과 일본 그리고 중국에도 널리 알려졌다. 그런데 한국에는 알려지지 않았다. 딱 한 군데 《삼국유사》의 〈가락국기〉에 '아유타'라는 어휘가 한 번 등장한다. 《라마야나》 이야기가 알려지지 않은 고대 한국에서 '아유타'가 〈가락국기〉에 실린 것을 어떻게 이해해야 할까? 농경, 카스트, 남성, 대가족과 같은 힌두 사회의 요체가 문명화의 요소로서 전혀 작동하지 않았는데도 어떻게 '아유타'는 〈가락국기〉에 실리게 되었을까?

《라마야나》 이야기, 중국과 한국에는 언제 어떻게?

〈가락국기〉의 허왕후는 박혁거세 신화의 알영처럼 고대 건국 신화에 나타나는 모신 왕비로 다산 숭배를 구성하는 요체다. 그렇지만 알영 설화가 신성족神性族 개념을 도입하여 신화의 원형 상태를 가지고 있는 데 반해 허왕후는 어떤 수모신水母神 원형에 '아유타'가 후대에 추가된 것으로 보인다. 수로왕의 결혼 신화가 만들어진 것이 8세기 이후이므로 '아유타'가 추가된 것은 8세기보다 나중이다. 언제일까?

'아유타'라는 이름이 언제 어떻게 한국에 알려지게 되었는지 추적해보자. 《라마야나》는 힌두 문화의 총체로서 처음 북부 인도에서 남부 인도로 전파될 때도, 점차 인도 밖으로 전파될 때도 힌두 문화의 전령 역할을 했다. 《라마야나》는 기원후 4~5세기부터 고대 인도 문화가 동남아시아로 확산되면서 전파되었다. 현재 전하는 가장 오래된 산스끄리뜨 판본 《라마야나》는 732년 자바의 것이다.[20] 그런데 《라마야나》는 한국과 중국에서는 널리 알려지지 않았다. 중국에는 이미 독자적인 문명이 발달해서 《라마야나》와 힌두 문화가 특별히 의미를 가질 만한 공간이 있지 않았기 때문이고, 한국 또한 그 범주에 들어 있었기 때문일 것이다.

그렇다고 중국과 한국에서 《라마야나》가 전혀 알려지지 않은 것은 아니다. 중국에는 불교 전파와 함께 불교 경전이 들어오면서 그 존재가 알려진 것으로 보인다. 중국 당나라 때 현장이 번역한 《아비달마대비바사론阿毘達磨大毘婆沙論》 제46권에는 논자論者가 경經에 의거해야 하는 이유를 설파하면서, 경의 뜻은 한량없는 반면 외전外典은 그렇지 않음을 설명하는 구절에서 《라마야나》의 예를 드는 부분이 나온다. 이에 따르면, "라마연나서邏摩衍拏書에는 1만 2,000개의 게송이 있지만 오직 두 가지 일만을 밝힌 것과 같은 것이니 첫째는 라벌나邏伐拏가 사다私多를 폭력으로 데려간 것을 밝히고, 둘째는 라마邏摩가 사다私多를 데리고 돌아온 것을 밝히는 것이다"라고 되어 있다. 여기에서 라마연나서는 《라마야나》를, 라벌나는 마왕 라와나를, 라마는 주인공인 왕자 라마를, 사다는 라마의 부인 시따를 가리킨다. 불교계에서 힌두교를 상대적으로 폄하하면서 외경, 즉 힌두 경전에는 잡다한 말만 많을 뿐 시따의 납치와 회복 두 가지로 엮인 이야기밖에 없다고 평한 것이다. 이 같은 평가는 7세기 중국의 불교계에 《라마야나》가 알려져 있었음을 짐작하게 한다.

또 오吳나라 강승회康僧會가 251년에 한역한 《육도집경六度集經(*Sad Paramita Samgraha Sutra*)》 46화에는 우화로 각색된 이야기가 나오는데, 왕자의 추방, 왕자비의 피랍, 원숭이왕의 도움, 왕자비 구출 등의 줄거리가 《라마야나》와 거의 동일하다. 《라마야나》 이야기가 3세기 이후부터 불경을 통해 상당히 알려졌던 것이다. 《잡보장경》 제1화에도 《라마야나》 이야기가 나오는데 훨씬 자세히 소개되어 있다. 제1화인 '십사왕十奢王의 인연'에 따르면, 사람의 수명이 1만 세였던 옛날 한 왕이 있었는데, 이름을 십사十奢라 했으며 염부제閻浮提의 왕이었다. 왕의 큰부인은 아들을 낳아 이름을 라마羅摩라 했고 둘째부인은 아들을 낳아 이름을 라만羅漫이라 했다. 그런데 그 뒤로 전개되는 내용이 《라마야나》와 동일하다. 다만 여기에서는 《라마야나》에 등장하는 라마왕의 아버지 다샤라타—십사왕이라 의역했다—를 아요디야의 왕이라 하지 않고 주로 불교에서 인도를 의미하는 염부제라 했다. 중국인들에게는 '아요디야'보다는 '염부제'가 불교의 나라 인도를 지칭하는 것으로 이해되었기 때문이다.

'아유타'의 전래

《라마야나》 이야기는 이곳저곳에 알려져 있지만, '아유타'는 많이 등장하지 않는다. 하지만 그 존재를 알고 있었음을 보여주는 명확한 예는 있다. 아상가Asanga(無着)가 쓰고 현장이 번역한 《현양성교론顯揚聖

教論》 제1권 제1섭사품의 11절에 나오는 다음 구절이다.

> 법상종에서는 당래불當來佛인 미륵보살께서 지상에 내려와서 무착無着 등 대중에게 《유가사지론》의 핵심을 설하셨다고 말한다. 그 경위는 《바수반두법사전婆藪槃豆法師傳》에 의하면 다음과 같다. 무착無着이 선정 중에 도솔천의 미륵존께 가서 대승 공관空觀과 유가유식瑜伽唯識의 교의를 가르침 받았으며, 아유타국으로 돌아와서 자신이 전수받은 내용을 다른 사람들에게 들려주었다. 그러나 듣는 사람이 많았음에도 믿는 이가 별로 없자, 무착은 미륵존께서 직접 염부제閻浮提에 와서 대승의 유식교의를 해설해주기를 발원했다. 그의 간절한 발원을 들은 도솔천의 미륵존께서는 4개월 동안 밤마다 아유타국 설법당에 내려와서 《십칠지론十七地論》을 설하셨다고 한다(《현양성교론》 제1권 제1섭사품).

이 구절은 당시 중국인들이 '아유타국'이라는 어휘를 익히 알고 있었고, 그 뜻이 인도를 가리키는 염부제라는 사실도 알고 있었음을 보여준다. 진제眞諦(Paramārtha)가 진陳나라 시기인 557~569년에 번역한 《바수반두법사전》에는 아유사국阿綸闍國('陁'와 '闍'는 서로 바꿔 쓴다)에 사는 파사수발타라婆娑須拔陀羅 이야기가 나온다. 법사가 '비바사毘婆沙'의 뜻을 논하는 어느 집회 자리에서 나마연전羅摩延傳을 질문하니 많은 사람들이 그를 가볍게 여기고 들어도 모아서 기록하지 않았다. 하지만 이후 12년 동안 여러 편의 글에서 '비바사'를 듣고 그 뜻에 이미 익숙해져서 다 외우고 마음에 간직한 후 본토로 돌아오기 위해 계빈국을 떠났다고 했다.

이러한 여러 가지 근거를 통해 '아요디아'가 한국에 알려지게 된 계기를 짐작할 수 있다. 일부 불교 승려나 불교에 바탕을 둔 나말여초의 지식인이 '아요디아' 이야기를 《라마야나》의 문화적 요체를 전하는 차원이 아니라 불경을 통해 얻은 정보의 일부를 통해 힌두 최고 서사시 《라마야나》의 수도의 의미로, 인도라는 나라를 대변하는 어휘로 사용한 것으로 보인다.

'아유타' 역시 이런 맥락에서 추론 가능하다. 즉 신라 중대 이후에서 고려 초기로 이어지는 왕성한 불학 연구 분위기와 중국과의 학문 문화적 교류를 고려해볼 때 사찰에서 전해오는 허왕후 설화에 불경에서 새로이 획득한 '인도'라는 의미로 알려진 '아유타'를 삽입했을 가능성이 크다. 일부에서 말하는 것처럼 '아유타'가 불교적으로 가장 인연이 깊은 나라였기 때문에 삽입되었다고 보기는 어렵다. 실제 고대 인도에서 아요디아는 불교의 중심지였던 적도 없고, 붓다의 실제 행적 혹은 전설상의 행적과 특별한 관련이 없어서 성지로 추앙받지도 못한 곳이다. 아요디아는 힌두교의 《라마야나》 신화의 장소라는 점을 제외하면 불교와 관련한 특별한 의미를 말할 수 없는 곳이다. '아유타'는 불교 유적지라서가 아니라 불교의 나라라고 알려진 인도를 대변하는 어휘라서 삽입된 것이다.

《승만경勝鬘經》의 주인공인 승만부인이 아유타의 왕 미뜨라끼르띠 Mitrakirti에게 시집을 간 후 불경 《승만경》을 설파했다고 하는 데서 '아유타'라는 어휘를 가져왔다는 주장도 있다.[21] 하지만 이 주장 또한 전적으로 받아들이기 어렵다. 무엇보다 이 의견은 당시 불교 경전의 많고 많은 지명 가운데 왜 《승만경》의 '아유타'를 허왕후의 출자지로 따왔는지를 설명하지 못한다. 《승만경》에 나오는 '아유타'는 인도에 있는 여러 도시 중의 하나일 뿐 인도를 대표하는 의미가 전혀 없다. 더군다나 《승만경》은 인도에서 기원후 3세기 이후에 지어진 것이기 때문에 승만부인이 붓다가 살았을 당시인 기원전 6세기에 꼬샬라 국의 쁘라세나지뜨Prasenajit 왕의 공주라는 주장도 역사적 사실로 받아들일 수 없다. 또한 기원전 6세기에는 아요디야라는 도시 이름조차도 존재하지도 않았기 때문에 붓다가 승만부인의 설파 내용에 찬동하여 경전으로 되었다는 주장도 역사적 사실로 볼 수 없다.

《승만경》은 산스끄리뜨 원전이 존재하지 않아 원래의 상태를 현재로서는 알 수 없다. 현재 한역은 두 가지가 있다. 하나는 436년에 구나바드라Gunabhadra가 번역한 것이고 다른 하나는 706~713년에 보디루찌Bodhiruchi가 옮긴 것이다. '아요디야'라는 어휘가 인도사에서 등장하는 시기는 5세기 이후다. 따라서 《승만경》이 '아유타'라는 어휘를 담고 있다는 사실은 원래의 산스끄리뜨 경전 판본 가운데 구나바드라 번역의 원본이 아니라 5세기 이후에 편찬된 보디루찌 번역의 원본이 '아요디야'라는 어휘를 담고 있다고 봐야 할 것이다.

보디루찌가 번역한 원본은 713년 이후 국내에 알려졌을 것이다. 당시 나말여초에서는 《승만경》이 중요한 불교 경전이라 널리 알려졌을 것이고, 승만부인의 출신이 아요디야라는 사실 또한 지식인층에게 알려졌을 가능성이 있다. 하지만 수많은 경전 가운데 왜 허왕후가 승만부인의 아유타를 택했는지에 대해서는 어떤 설명도 하지 못한다. 《승만경》의 아유타가 인도라는 나라를 의미하는 것이었을 가능성은 있다. 하지만 《승만경》의 아유타는 단순한 어떤 도시의 지명일 뿐 인도를 상징하는 《라마야나》의 아유타가 아니다. 이러한 사실로 미뤄볼 때 '아유타'라는 어휘는 승만부인의 출자지로 불교 지식인들 사이에서 어느 정도 알려진 후 '인도'라는 의미가 확실하게 자리 잡게 되는 힌두 서사시 《라마야나》의 '아유타'에서 따온 것이고, 삽입 시기는 전술한 바와 같이 8~9세기경일 것으로 보인다.

'아유타'라는 어휘는 《승만경》을 통해서든 그렇지 않든 여러 경로를 통해 불교를 깊이 공부하는 당시 지식인들에게는 상당히 알려진 어휘였을 것이다. 그것이 인도라는 의미를 가지게 된 것은 《라마야나》와의 연계에서 《바수반두법사전》이나 《육도집경》 등과 관련해서일 것으로 보인다. '아유타'는 한국에서는 동남아시아에서처럼 카스트에 기반한 가부장적 힌두 왕권의 이데올로기 상징으로서의 역할은 전혀 하지 않았다. 단순히 불교의 발생지 '인도'라는 나라의 상징으로서만 기능할 뿐이었다. 이는 '아유타'가 불경을 연구하는 사찰이 아닌 다른 곳에서는 알려질 가능성이 매우 낮았다는 사실, 그리고 사찰이 인도와의 관련 모티프를 통해 설화를 끊임없이 확대재생산하는 작업을 한다는 사실과도 일치한다.

5

'파사석탑'과 허왕후 설화

내포하고 있었다. 이 같은 확장 가운데 대표적으로 만들어진 설화가 바로 파사석탑婆娑石塔 설화다.
불국토 전통 속에서 황룡사 장육상 설화처럼 인도와 바다와의 연계성을 통해 더 큰 설화로 확장될 가능성을
자신의 불학 지식을 과시하려는 차원에서 '인도'라는 의미로 삽입한 것이다. '아유타'는 전대부터 내려온
'아유타'는 신라 중기 이후부터 고려 초기 사이 중국과의 빈번한 교류를 통해 불경을 많이 접하게 된 어떤 지식인이

파사석탑의 실체

'아유타'는 신라 중기 이후부터 고려 초기 사이 중국과의 빈번한 교류를 통해 불경을 많이 접하게 된 어떤 지식인이 자신의 불학 지식을 과시하려는 차원에서 '인도'라는 의미로 삽입한 것으로 추정된다. '아유타'는 전대부터 내려온 불국토 전통 속에서 황룡사 장육상 설화처럼 인도와 바다와의 연계성을 통해 더 큰 설화로 확장될 가능성을 내포하고 있었다. 이 같은 확장 가운데 대표적으로 만들어진 설화가 바로 파사석탑婆娑石塔 설화다.

원래 〈가락국기〉에는 단순하게 허왕후가 아유타국에서 왔다고 되어 있을 뿐 어느 정도 규모로 어떻게 왔는지에 대해서는 아무런 언급이 없다. 그런데 《삼국유사》가 편찬된 후 파사석탑 설화가 만들어질 때 〈가락국기〉의 '아유타'에 '서역'이라는 글자가 추가되면서 허왕후는 '서역 아유타국'에서 온 존재가 된다. 〈가락국기〉에 '아유타'가 처음으로 삽입된 후 《삼국유사》가 편찬되기까지의 시기에 누군가에 의해 혹은 일연에 의해 '아유타'에 대한 해설로서 '서역'이 들어간 것이다. 시기는 〈가락국기〉가 편찬된 1076년과 《삼국유사》가 편찬된 1281년 사이로 보인다. 당시에는 '아유타'라는 어휘를 삽입한 지식인과 달리 많은 사람들이 아직 그 뜻을 몰랐을 것이다. 그래서 그에 대해 어떤 지식인이 붙인 해석이 널리 알려졌거나 일연이 《삼국유사》를 편찬할 때 설명 차원에서 삽입한 것으로 추정된다.

〈금관성 파사석탑〉에 의하면 허왕후는 처음 고향을 출발했다가 풍랑을 만나 더 이상 가지 못하자 다시 돌아와 파사석탑을 가지고 탔고 그 덕분에 가락국에 잘 도착했다고 한다. 이 설화는 허왕후 설화의 뼈대에 '아유타'가 삽입되어 〈가락국기〉에 실린 후 형성된 것으로 일연에 의해 《삼국유사》에 채록되었다. 〈금관성 파사석탑〉에 의하면 파사석탑은 현재와 같이 허왕후릉에 있지 않고 원래 호계사에 있었다. 조선 말기 고종 때, 즉 불과 100여 년 전에 김해부사로 있던 정현석鄭顯奭이 호계사에 있던 사람들이 파사석탑이라 믿고 있던 그 탑을 허왕후가 아유타국에서 가져온 것이니 허왕후릉에 둬야 한다면서 현재의 위치로 옮긴 것이다.

파사석탑 설화는 〈가락국기〉에 '아유타'가 삽입된 후 일정한 시간이 지나고 나서 《삼국유사》가 편찬되기 전 호계사에서 만들어졌을 가능성이 크다. 호계사에서 무슨 이유로 파사석탑 설화를 창작했는지는 정확하게 파악할 수 없다. 다만 석탑의 생김새를 통해 짐작컨대, 원래는 기이한 돌을[22] 숭배하는 김해 지역 풍습에 따라 만들어진 돌무지였

[그림 2] 파사석탑

김해에 있는 현재 허왕후릉이라고 알려져 있는 능 바로 앞에 있는 파사석탑.
원래는 호계사에 있던 것을 고종 때 김해부사 정현석이 이곳으로 옮겨놓았다.

는데 점차 인근의 '아유타에서 온 허왕후' 이야기와 만나 허왕후가 배를 타고 올 때 가져온 석탑으로 자리 잡은 것으로 보인다. 구체적으로, 돌무지 숭배와 아유타에서 온 허왕후 설화가 만나면서 설화가 민간에 널리 퍼진 것이다.

후술하겠지만 허왕후는 15세기 중반 이후부터는 역사적 실재 인물로 인식되기 시작했다. 고종 때는 이미 허왕후는 실재했던 역사적 인물로 분명하게 이해되었고, 그에 결부된 전설 또한 분명한 근거로 받아들였던 것이다.

허왕후와 파사석탑 이야기, 역사적 사실이 아니다

허왕후가 인도에서 가락국을 향해 떠났다가 풍랑을 만나 되돌아가서 파사석탑을 싣고 다시 항해를 시작해 안전하게 가락국에 왔다는 이야기는 역사적 사실이 될 수 없는 100퍼센트 지어낸 이야기일 뿐이다. 왜 그러한가? 우선, 불교에서 탑은 원래는 무덤이었으나 후대로 가면서 어떤 사건을 기념하거나 공덕을 쌓기 위해 조성한 헌물로 바뀌었다. 탑 안에 사리(유골)나 경전 혹은 여러 종류의 물건을 안치한 것은 이런 이유에서다. 형태가 바뀌더라도 기단基壇과 복발覆鉢이 탑의 중심을 이루고 우주를 상징하는 평두平頭와 산개傘蓋가 기단과 복발을 보조하는 기본은 변하지 않았다. 시간이 흐르면서 평두와 산개가 확장되어 전체가 비슷한 크기로 균형을 이루긴 한다. 하지만 어떤 경우라도 탑 전체는 부장품이 내장된, 분리할 수 없는 건축물이다.

한참 후에 불교와 직접 관련이 없는 속신의 일종인 돌 숭배가 습합되면서 부장품 없이 많은 돌을 쌓아 만든 돌탑이 나타나기도 한다. 그러나 허왕후가 가락국으로 출발했다는 기원 초기 고대 인도에는 불탑이라고 부를 만한 돌탑은 없다. 기원 초기 꾸샨 시대에 돌 몇 개를 따로 얹은 돌무지 같은 숭배물이 있을 수는 있겠지만, 굳이 불탑이라는 것을 가지고 왔다면 불교 정체성을 전혀 갖추지 못한 것을 가져왔을 리 없다. 무엇보다 무덤인 탑을 배에 실었다는 것 자체가 어불성설이다. 고대 인도에는 무게 중심 차원이든 방호防護 차원이든 탑을 배에 탑재한다는 개념 자체가 존재하지 않았다. 탑은 낱개로 나눌 수 없다. 방호 차원이 아닌 배의 무게 조절용이라면 도저히 있을 수 없는 이야기다. 당시 인도의 항해술을 고려해볼 때 돌무더기를 가지고 풍랑을 막아내면서 그 먼 인도 아요디야에서(혹은 태국의 아윳티야Ayutthiya에서 혹은 중국 동해안에서) 가락국까지 항해해 오는 것은 불가능하다.

인도는 이미 기원전 2500년경 메소포타미아와 바다를 통해 무역을 했다. 기원 초기에는 동남아로 대규모의 이주가 시작되어 베트남, 캄보디아, 인도네시아 등에 상당한 수준의 인도인 정착지가 형성되었다. 돌 몇 개로 풍랑을 막는 수준으로는 그런 대규모의 이주를 설명할 수 없다. 그 돌들이 균형을 잡는 추의 역할을 하는 것이 아닌 진호鎭護를 위한 주술 용도의 탑이었다고 주장할 수 있다. 하지만 고대 인도에서는 탑을 그런 용도로 사용한 적이 없다. 고대 인도의 경우 방호 차원에서는 발우, 실크, 종이 등에 불상이나 법문 혹은 주문을 적어 가지고 다녔다. 분리할 수도 없는 탑이나 돌무더기를 진호용 주술 용구로 사용했다고 주장한다면 그것은 불교를 전혀 모르고 하는 상식 이

하의 말일 수밖에 없다.

고려시대 한국에서는 생김새가 독특한 돌을 숭배용으로 쌓아 돌탑이라 불렀다. 파사석탑은 이 같은 민속신앙이 불교로 습합되어 만들어진 것이다. 고려 중기는 불교의 민간신앙이 매우 왕성하게 성장한 시기였기 때문에 민속신앙으로서 돌탑 쌓는 일이 널리 행해졌다. 외형상 특이하게 붉은 색을 띠고 독특한 무늬가 있는 돌을 민간신앙 차원에서 숭배하고 그것이 불교와 습합되어 만들어진 이야기를 불교 사찰 호계사에서 정리한 것으로 보인다.

파사석탑의 돌은 붉은 점으로 이어지는 표피의 줄이 마치 핏줄처럼 보인다. 그것을 어떤 생명이 있는 것으로 여겨 숭배하는 사례가 인류학계에 보고되기도 했다. 이 같은 사실을 상기하면 파사석탑은 김해 지역에서 원래 숭배의 대상이었던 돌이 〈가락국기〉의 허왕후 아유타 도래 신화와 묶이면서 파사석탑 설화가 된 것으로 보인다. 결국 허왕후 신화 안에 자리 잡은 파사석탑 설화는 프레이저James G. Frazer가 규정한 '유사의 법칙에 따른 동종주술homoeopathic magic'로서 김해 지역의 돌 숭배가 원래의 모습이다. 파사석탑은 비록 불탑이라는 용어로 나중에 습합되었지만, 본질적으로는 주술력을 가진 것으로 인식되는 기이한 돌 숭배에서 비롯한 것이다.

'인도', 불교의 나라가 되다

파사석탑 설화는 구조와 표현이 황룡사 장육상皇龍寺丈六像 설화와 매우 유사하다. 《삼국유사》 권3 탑상4 〈황룡사 장육조〉에 나오는 황룡사 장육상 설화는, 인도의 아육왕阿育王(즉 아쇼까)이 불상을 조성하려 했으나 실패하자 인연이 있는 땅에 가서 이루어질 것을 기원하며 금과 구리 그리고 삼존불상 모형을 배에 띄워 보냈고 마침 진흥왕이 그 배를 발견하여 이후 조성 사업에 들어가 신라 땅에서 장육상이 조성되었다는 이야기다. 만약 이 전설이 역사적 사실이라면 장육상 조성 연도가 574년이니, 배가 인도에서 신라까지 온 기간이 무려 800년이라는 이야기다.

허왕후 전설을 역사적 사실로 받아들이면, 허왕후의 배는 (이종기의 주장에 의하면) 20여 년밖에 안 걸렸는데 아쇼까의 배는 800년 걸렸다는 말이 된다. 둘 다 바다에 부는 편서풍을 타고 왔다는데 허왕후는 20여 년 걸렸고 아쇼까가 보낸 배는 800년이 걸렸다는 것을 진지하게 받아들일 수는 없다. 허왕후의 경우는 사실이고 진흥왕-아쇼까의 경우는 전설이라 치부한다면, 그 기준은 무엇인가? 두 이야기 모두 어떤 메시지를 전달하려는 목적으로 누군가가 만들어서 민간에 널리 전파된 커뮤니케이션의 일종이다. 두 이야기는 공통의 모티프를 가지고 있다. 둘 다 불국토 관념이 주제로 나타나고 있고, 배를 타고 인도와 접촉한다는 모티프를 중심으로 이루어져 있으며, 불법의 도움으로 복福을 이룬다는 구조로 되어 있다. 신라 중대 이후 한국 사회에서 '인도'가 불교의 나라로 상당히 알려져 있었다는 추론이 가능한 대목이다.

그런데 당시 한국 땅에 알려진 인도는 사실적 실체로서가 아닌 불교로 해석된 만들어진 이미지였다. 불교가 인도 땅에서 나온 것은 맞고 불교가 상당한 영향력을 행사한 것도 맞다. 하지만 고대 인도는 불교의 나라가 된 적도 없고, 불교도가 다수를 차지한 적도 없으며, 불교를 로마의 기독교 경우와 같이 국교로 공인한 적도 없다. 아쇼까 또한 마찬가지다. 그는 최초의 통일 제국을 형성한 후 강력한 중앙집권 정부를 세우기 위해 당시 가장 큰 기득권 세력인 브라만을 억제하고 불교를 지지했을 뿐이다. 그는 브라만 세력을 억압할 목적에서 그들의 경제력 원천인 제사 금지령을 내리고, 백성들에게 브라만뿐만 아니라 불교와 자이나교 그리고 그 외의 여러 다른 종교 교단에게도 물질적 후원을 해야 한다는 칙령을 내리고 스스로 그렇게 했던 군주다. 그는 반反브라만 차원에서 비非브라만교를 지지한 군주였을 뿐 불교도들이 흔히 말하는 불교를 숭상한 호법護法 군주는 아니었다. 하지만 전술했다시피, 불교의 세계에서는 실체적 진실보다 해석에 따른 의미가 더 중요하다. 실제로 인도나 아쇼까가 어떻든 인도를 불교의 나라로, 아쇼까를 호법 군주로 해석해서 실제 역사와 관계없이 그들의 역사인 신화에는 기술한 것이다.

'인도'는 이러한 메커니즘 속에서 불교의 나라이며, 그래서 세계 최고의 문명국이라는 의미를 획득하게 되었다. 당시 신라에는 그러한 인도와, 그러한 세계 최고의 전륜성왕과 자신의 나라가 접촉을 가졌다는 것이 이야기를 통해 인민들의 세계에 널리 알려져 있었다. 그랬기 때문에 허왕후가 아유타, 즉 인도에서 왔다 하니, 바다로 건너왔을 것이고 그때 불탑을 가져왔을 것이라는 믿음이 그들의 신앙 세계에서 자연스럽게 형성될 수 있었다. 인도라는 나라가 불교의 나라라는, 그래서 인도와의 연계를 통해 정통성을 확보할 수 있다는 생각은 늦어도 황룡사 장육상 조성 설화가 만들어진 신라 진흥왕 때에는 민간에 상당히 널리 퍼져 있었을 것이다. 그리하여 신라는 이 책의 머리말에서 언급한 인도와의 관련을 보여주는 네 가지 이야기를 통해 불교의 나라 인도와 밀접한 관련을 맺는 나라가 되었다. 나아가 인도는 서축, 신라는 동축이 되었다.

바다, 인도와의 접촉 통로

인도와의 접촉 모티프는 주로 '바다'를 통해 만들어졌다. 육지를 통해 인도와의 접촉을 만들어내는 데 있어서 가까이는 백제와 고구려, 멀리는 중국이라는 존재는 때로는 접촉을 위한 통로가 되기도 했지만 때로는 장애물로 기능하기도 했다. 바다 모티프는 이 장애의 현실성 때문에 이야기가 만들어지는 과정에서 자주 활용된 것으로 보인다. 실제로 신라는 바다 건너 일본과의 관계도 많았고, 설화 차원에서도 석탈해 설화와 같이 바다와 관련되는 것이 많았다. 허왕후가 바다를 통해 왔고, 바다의 풍랑이 심해 파사석탑을 중간에 탑재하여 무사히 목적지에 당도했다는 허왕후 설화는 신라의 바다를 통한 인도와의 관련 모티프가 널리 퍼질 수 있는 이러한 정서적 환경 덕분에 만들어질 수 있었다.

파사석탑 설화가 《삼국유사》에 실릴 정도로 민간에 널리 퍼졌다는 것은 《삼국유사》 편찬 당시 허왕후 설화가 상당한 확장 동력을 가지고 있었음을 보여주는 좋은 증거다. 《삼국유사》에 허왕후 설화가 실리는 13세기 무렵에는 허왕후 설화와 관련이 있는 민속놀이도 만들어졌다. 《삼국유사》에 의하면, 고려 문종 때 〈가락국기〉에 나오듯 유천, 신귀 등이 허왕후 일행을 맞이하기 위해 왕후가 오는 것을 보고 급히 재촉하여 임금에게 고하려 했던 것을 본따 경주 놀이가 거행되고 있었다는 기록이 있다. 이 민속놀이가 문종 대에 있었다는 사실은 〈가락국기〉가 편찬된 문종 대에 허왕후 설화가 이미 민간에 상당히 널리 퍼졌음을 보여주는 증거다. 〈가락국기〉에 기술된 허왕후 설화는 인민들에게 허왕후가 인도에서 배를 타고 왔으며 그때 허왕후가 풍랑을 이겨내고 무사히 이곳으로 당도하게 해준 것이 파사석탑이라 알려주었다. 인민들은 그러한 파사석탑을 숭배하기 시작했다. 새로운 민속놀이는 바로 이 같은 인민들의 파사석탑 숭배 위에서 〈가락국기〉 기사에 따라 허왕후 일행 소식을 수로왕에게 알리는 일을 원용하여 민간에서 행해진 것이다. 요컨대 13세기에 허왕후 설화는 상당한 확장 동력을 갖추고 있었고 파사석탑 이야기는 그 중심에 있었다.

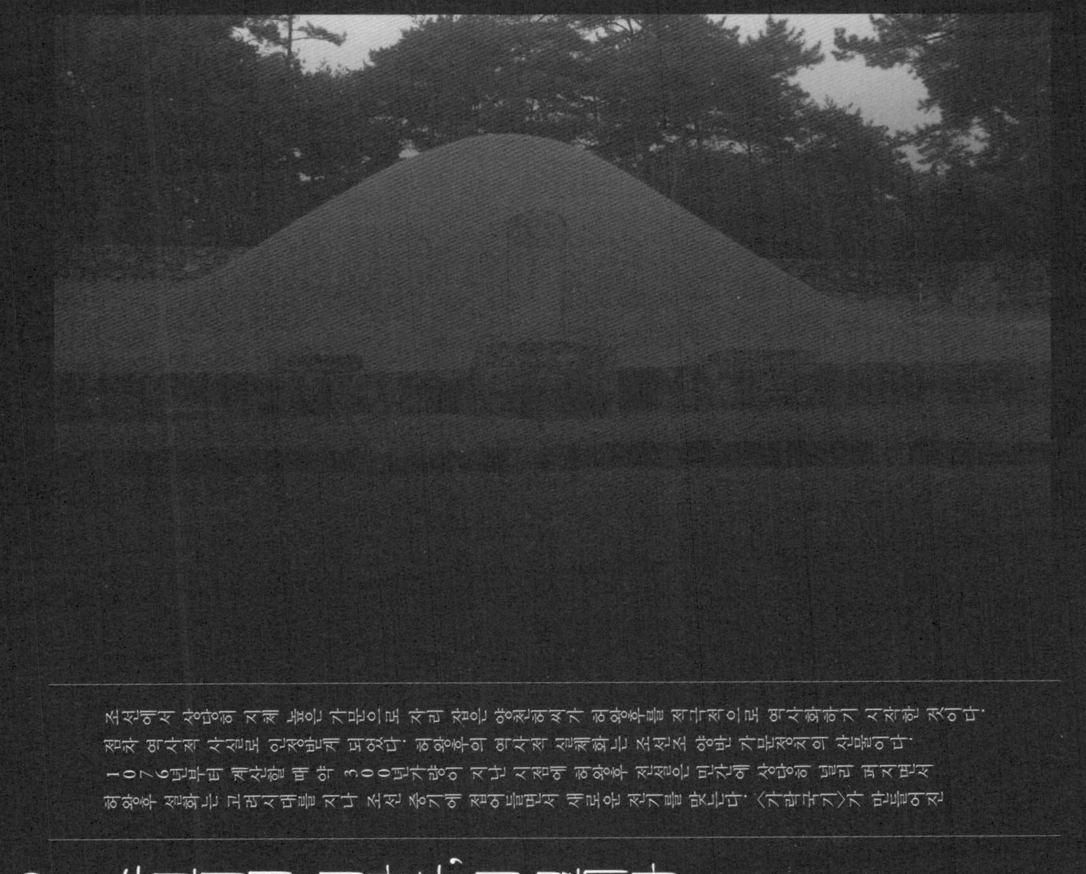

6 조선시대 '허왕후'의 실체화

조선에서 상당히 지체 높은 가문으로 자리 잡은 양천허씨가 허왕후를 적극적으로 역사화하기 시작한 것이다. 점차 역사적 사실로 인정받게 되었다. 허왕후의 역사적 실체화는 조선조 양반 가문정치의 산물이다. 1076년부터 계산할 때 약 300년가량이 지난 시점에 허왕후 전설은 민간에 상당히 널리 퍼지면서 허왕후 설화는 고려시대를 지나 조선 중기에 접어들면서 새로운 전기를 맞는다. 〈가락국기〉가 만들어진

허왕후 설화, 새로운 전기를 맞다

허왕후 설화는 고려시대를 지나 조선 중기에 접어들면서 새로운 전기를 맞는다. 〈가락국기〉가 만들어진 1076년부터 계산할 때 약 300년가량이 지난 시점에 허왕후 전설은 민간에 상당히 널리 퍼지면서 점차 역사적 사실로 인정받게 되었다. 설화와 관련해서 실제 역사적 인물에 전설이 달라붙어 설화가 확장되는 것과 가공의 인물에 역사성이 달라붙으면서 마치 실제 이야기처럼 만들어진 것은 쉽게 구별하기 어렵다. 한국의 사찰 연기 설화에서 가장 중요한 비중을 차지하는 원효의 예가 전자의 경우고, 허왕후 설화가 후자의 경우다. 이 두 가지는 정확하게 나눌 수 없는 경우가 상당히 많고, 또 그 둘이 섞인 경우도 많다.

13세기 《삼국유사》가 편찬될 무렵 허왕후가 인민들에게 상당한 역사적 근거가 있는 실체로 알려진 이후 허왕후 전설에 대한 기록은 나타나지 않는다. 이 때문에 그의 실체가 전설 속에서 얼마나 어떻게 부풀려졌는지 고찰하기 어렵다. 그러다가 조선이 건국한 15세기 이후 허왕후는 본격적으로 역사적 실존 인물로 인식되기 시작한다. 왜 그 전까지 전설로만 여겨졌던 인물이 15세기 이후 구체적인 역사적 실존 인물로 자리 잡게 되었을까? 그것은 어떤 과정을 거쳤을까? 그 과정이 만들어지는 데 중요한 역할을 하는 사회적 요인은 무엇일까?

허왕후의 역사적 실체화

허왕후의 역사적 실체화는 조선조 양반 가문정치의 산물이다. 조선은 성리학을 바탕으로 하는 성씨 중심 가문의 정체성을 토대로 정치가 작동되는 성격이 매우 강한 나라였다. 고려 이후부터 시작된 성씨 의식은 지연과 혈연의 귀속 의식과 가문 의식이 뿌리 깊고 강하게 유지되는 특징을 보인다. 일부지만 현재에도 그런 경향이 상당히 남아 있기도 하다.

고려 광종 때 과거 시행 이후 지역 성씨의 중앙 관계 진출이 활발해지면서 지배층의 저변이 확대되기 시작했다. 고려 후기와 조선 초기의 급격한 정치 사회 변동은 집권 세력이 신진사대부와 각 지역의 토성으로 확산되는 결과를 불러왔다. 조선 초기 전국의 크고 작은 호족이 제각기 출신지 군현의 토성으로 지정되었다. 국가에 의해 붙여진 본관은 해당 구역의 성격에 따라 격차를 보였으며 신분에 따라 의미가 달라졌다. 당연히 격이 높은 성씨의 구성원들은 본관을 명예롭게 생각하게 되고 그 격을 더 높이기 위해 온갖 방법을 다했다. 이러한 현상은 조선 중기 이후 본격적으로 심화되었다. 허왕후가 역사적 실존 인물이 된 것은 바로 이 시기였다. 조선에서 상당히 지체 높은 가문으로 자리 잡은 양천허씨가 허왕후를 적극적으로 역사화하기 시작한 것이다.

조선 초기 '아요디야'는 사실에 대한 정확한 인지가 없는 상태에서, 단지 불교의 나라 인도를 의미하는 지역 이름으로 《삼국유사》에 윤색·삽입되었다. 인도에 관한 실질적 관심은 거의 없었던 터라 이후로도 그에 대한 정확한 사실적 이해는 뒤따르지 못했다. 이 때문에 '아요디야'에 대한 왜곡은 추후에도 매우 자유롭게 이루어졌다. 조선 세종 7년(1425) 경상감사 하연河演 등이 편찬한 《경상도지리지慶尙道地理志》에서 대표적인 예를 찾을 수 있다.[23]

《경상도지리지》 〈김해도호부 영이지적조金海都護府 靈異之跡條〉에 의하면 허왕후는 아유타가 아닌 남천축국南天竺國의 공주로 나온다. 왜 갑자기 '아유타국'이 '남천축국'으로 바뀌었을까? '아유타'는 인도의 별칭으로 이해되었는데 인도는 '천축국'으로 훨씬 더 널리 알려져 있었다. 이 때문에 그리 익숙하지 않은 '아유타'가 '인도'의 이름으로 좀 더 알려져 있는 '천축국'으로 바뀐 것임은 어렵지 않게 짐작할 수 있다.

전술했다시피 아요디야는 힌두 제일의 서사시 《라마야나》의 성도이고, 원래 신화 속의 도시였다가 5세기 이후 갠지스 강 유역의 고대 도시 사께따의 이름을 대체하면서 신화 속의 성도에서 실제 도시로 자리 잡은 곳이다. 인도 지역 밖에서 《라마야나》는 인도의 신화로, 성도인 '아요디야'는 인도로 알려지게 되었다. 바로 이 '인도'로서의 '아요디야'가 〈가락국기〉에 실리게 된 것이다. 당시에는 '인도'를 가리키는 또 다른 용어로 신두Sindhu(지금의 인더스. 페르시아 사람들이 자신들의 동쪽, 즉 인도를 가리킬 때 인더스 강 유역으로 부른 데서 인도를 의미하게 됨) 강에서 음차된 어휘인 '천축天竺'도 쓰이고 있었다. 이처럼 '아요디야'와 '천축'은 같은 의미였기 때문에 서로 교환이 가능했던 것이다.

앞서 밝힌 것처럼 '아요디야'는 나말여초 시기 불학에 조예가 깊은 어느 학자가 자신의 학문을 과시하기 위해 '인도'의 의미로 사용했다. 실제 사회에서는 '천축'보다 덜 알려졌을 것이다. '인도'는 혜초의 경우에서 보듯 천축국으로 더 널리 알려져 있었다. 《경상도지리지》를 편찬한 세종 대 조선 사람들이 인도에 대해 자세한 사항을 알지 못하고 있었던 데다 '천축'에 더 익숙했기 때문에 '아요디야'는 '천축국'으로 대체되었을 것으로 보인다.

그렇다면 또 한 가지 의문이 남는다. 왜 '남南'천축일까? 단서가 부족하여 정확하게 알 수는 없다. 중화세계의 개념으로 볼 때 인도가 남만南蠻에 속하기 때문에, 다시 말해 천축국의 방위 개념으로 남쪽이 익숙했기 때문에 나온 것이 아닐까. 천축의 남부에서 왔다는 의미가 아닌 대륙 혹은 중화세계의 남쪽에 속하는 천축으로서의 의미로 남천축이 쓰인 것이라 생각한다.

'보주태후' 시호, 허왕후의 역사적 실체화 작업의 본격화

1469년에 편찬된 《경상도속찬지리지慶尙道續纂地理誌》에서는 허왕후의 역사적 실체화 작업이 한 발 더 나간다. 《경상도속찬지리지》에서 허왕후는 《경상도지리지》에서와 마찬가지로 남천축국에서 왔다고 서술되어 있다. 그와 함께 허왕후의 시호가 '보주태후普州太后'라고 언급되어 있다.[24] 허왕후가 '남천축국'에서 왔다는 것은 1425년 편찬된 《경상도지리지》에서부터 시작되었으니 그로부터 40여 년이 지난 1469년에 '남천축국'에서 왔다고 말하는 것에는 아무런 문제가 없다.

그렇다면 왜 '보주태후'라는 어휘가 《경상도속찬지리지》에 느닷없이 처음 나타났을까? 왜 '보주普州'의 태후일까? '보주'는 많은 연구자들의 추론처럼 시조 등에게 사후에 바치는 시호로 보인다. 그런데 왜 많고 많은 어휘 중에 '보주'일까? 막연하게 '넓은 땅'이라는 의미를 가진 어휘일 수도 있고, 이영식이 주장하는 바와 같이 '큰 세상'이라는 뜻의 시호일 수도 있다. 이영식은 2007년 4월 12일자 《국제신문》 기사를 통해 '큰 세상'으로 보기도 했다. 허왕후가 세상을 뜨자 가락국 사람들이 땅이 꺼진 듯 슬퍼했다는 〈가락국기〉의 서술을 근거로 '큰 세상'이라는 의미로 해석했다. 하지만 허왕후가 189년에 실제로 돌아갔다고 인정하더라도, '보주태후'는 그로부터 1300년이 지난 후에 처음 사용되었기 때문에 용례는 처음 사용되었던 당시의 인식에 따르는 것이 더 합당하다. 또한 허왕후의 출자가 '아유타'에서 '남천축'으로 바뀌었기 때문에 지속적으로 유지되는 '인도'라는 의미의 일환에서 파악하는 것이 더 합리적이다.

앞서 서술한 것처럼, 삼국시대 이후 '인도'는 역사적 실체와 관계없이 불교의 나라로 인식되어왔다. 아유타에서 온 허왕후나 남천축에서 온 허왕후나 모두 불교의 나라에서 온 허왕후로 인식되는 것이다. 시호를 부여한다는 것은 그를 신화의 주인공이 아닌 실재하는 조상으로 인식했다는 것이다. 이 차원에서는 허왕후를 '아유타' 혹은 '남천축'으로 알려진 인도에서 온 조상이라 보는 편이 더 자연스럽다. 허왕후는 이미 조선 중기 사람들에게 그곳이 아유타국이든 남천축국이든 관계없이 불교의 나라 인도에서 온 인물로 인식되었다는 것이다. 따라서 '보주태후'의 '보주'는 '인도', 즉 '불교의 나라 인도'라는 의미로 쓰였을 가능성이 높다. 다시 말해 이 어휘가 처음 쓰인 1469년 즈음에 그들은 허왕후를 '인도'와 관련된 인물로 여겼고, 그래서 '보주'는 '인도'와 관련된 의미로 쓰였을 것으로 보인다.

'보普'자는 불교에서 널리 사용하는 보편적 진리를 뜻하는 것으로 추정된다. '보'는 산스끄리뜨 어휘 비슈와viśva의 의역으로 보편적 진리라는 의미다. 불교에서는 붓다를 보지자普知者라 하고, 불법을 보법普法이라고 하며, 붓다를 숭배하는 것을 보례普禮라고 한다. 따라서 '보주'는 '불교의 땅'이라는 의미가 된다. 실제 역사에서 인도가 한 번도 불교의 나라가 된 적이 없었음에도,[25] 불교가 인도에서 출발했고 인도를 불교의 역사 인식을 통해 이해했기 때문에 인도를 불교의 나라라고 이해할 수밖에 없었던 것이다. 인도에 대한 이 같은 인식은 조선 중기 이후 최근까지 한국 사회에 널리 퍼져 있다.

《경상도속찬지리지》에 처음 나타난 '보주태후'는 그 후에 편찬된 《신증동국여지승람新增東國輿地勝覽》에 다시 나타난다. 《신증동국여지승람》에는 허왕후를 아유타국 왕녀 혹은 남천축국 왕녀라고 불리는 존재로 소개하면서 특별한 설명 없이 시호를 '보주태후'라고 하고 있다.[26] 당시 사람들은 '아유타'와 '남천축'을 같은 의미로 받아들이고 있었음을 보여주는 글이다.

허왕후, 능을 통해 족보상의 지위를 확보하다

허왕후의 역사 실체화 과정을 살펴보기 위해 고려 문종 11년(1057)에 금관지주사金官知州事가 벌인 고대 왕과 성현의 묘 정비 사업에 주목할 필요가 있다. 금관지주사는 고려 문종이 고구려, 백제, 신라의 여러 왕과 성현의 묘 근처에서 경작하여 묘를 침훼하는 일을 금지한 왕명에 따라 묘 보수 작업을 했다.[27] 그런데 왕과 성현의 묘를 보수하는 일에 수로왕릉은 포함되었으나 허왕후릉에 대해서는 일언반구 아무런 언급조차 없었다.

여기에서 같은 시기인 고려 문종 때 허왕후 일행을 맞이하러 나간 수로의 신하들이 허왕후 일행의 당도 사실을 임금에게 재촉하여 고하려 했던 것을 토대로 경주 놀이라는 민속놀이가 만들어져 민간에서 거행되고 있었다는《삼국유사》의 기록을 상기해보자. 이런 민속놀이는 민속적으로 만들어져 전승되어오던 것이었을 테고, 그것을 지주사가 하나의 관제 행사로 승격시켜 직접 지휘 감독한 것이다. 설화가 전승되면서 민속놀이가 만들어지고 관에서는 그 민속놀이를 직접 주관하여 행사로 만들기까지 했으니, 허왕후의 도래에 대한 관심은 점차 높아졌을 것이고 그의 능에 대한 관심도 분명 있었을 것이다. 하지만 금관지주사를 비롯한 관리들은 왕후릉까지 만들어낼 필요성은 느끼지 못했다. 허왕후가 고려 문종 대까지 여전히 전설상의 인물로 머무를 수밖에 없던 이유다. 그를 실체화하려는 움직임은 어디에서도 일어나지 않았다.

그러던 허왕후가 조선조에 들어서면서 역사 속 인물로 인식되기 시작했다. 1469년에 편찬된 《경상도속찬지리지》에서 그를 '보주태후'라는 시호로 언급하면서부터였다. 그런데 설화 속 인물이 실제 역사의 인물로 자리 잡으려면 반드시 거쳐야 할 단계가 있다. 바로 족보상의 지위 확보다. 족보에는 신화의 인물이 시조로 기록되어 있지 않다. 신화 속 인물은 족보 밖에서 족보의 시조보다 더 오래된 인물로 존재한다. 신화의 시조가 공식적인 시조로 인정을 받으려면 반드시 족보상의 지위를 확보해야 한다. 그 인정 과정에서 반드시 필요한 것이 능과 같은 구체적인 물증, 즉 유적이다. 허왕후도 신화상의 시조에서 벗어나 족보의 시조로 자리 잡기 위해서는 능과 같은 것이 필요했을 것이다. 이러한 필요성은 가문정치가 심해지는 조선 중기에 와서 더욱 극대화되기 시작했을 것으로 보인다. 능을 만들어내는 작업은 대개 후손 가운데 유력한 정치권력이 있을 때 가능하다. 그들이 가문의 위상을 제고하기 위해 시조를 아주 오랜 고대로 올릴 필요성을 크게 인식할 때 많이 이루어진다.

허왕후의 능이 구체적으로 언급된 것은 1469년에 편찬된 《경상도속찬지리지》에서였다. 허왕후릉은 〈가락국기〉에 '구지봉 동북 언덕에서 장사지냈다'라고만 언급되어 있을 뿐이었다.[28] 〈가락국기〉 이후로는 그 존재에 대해서나 구체적인 위치에 대해서나 아무런 언급이 없었다. '구지봉 동북 언덕에 묻었다'는 문장은 너무나 간단해서 한 나라의 왕후릉을 조성한 실재를 가리킨다고 보기에는 매우 부족하다. 이는 〈가락국기〉 편찬 당시 세간에 떠도는 전승을 채록한 것이었기 때문으로 보인다. 만약 실제로 구지봉 동북 언덕에 장사지냈다면, 즉 그곳에 왕후릉이 존재했다면 가락국의 역사를 기록한 책인 〈가락국기〉 편찬자가 이렇게 단 한 줄로 기술했을 리 없다. 그곳에 장사를 지낸 일이 역사적 사실이고 능을 세웠다면 이후에 관련 기록이 없을 리 만무하다. 정 찾기 어렵다면, 어떤 형태로든 그를 둘러싼 설화 혹은 고고학적 유물과 관련하여 작은 실마리라도 남아 있을 가능성이 크다.

〈가락국기〉 이후 《경상도속찬지리지》가 편찬된 1469년 이전에는 능에 대한 언급이 어디에도 나타나지 않는다. 허왕후릉에 관한 언급이 느닷없이 15세기 후반 《경상도속찬지리지》에 나타났다는 것은 그 능이 진짜 허왕후릉인지 확인할 수 없다는 것과 같은 의미다. 허왕후

[그림 3] 허왕후릉

김해에 있는 허왕후릉. 그러나 이 능이 진짜 허왕후릉이라고 확인할 수 있는 근거는 그 어떤 것도 없다.

를 구지봉 동북 언덕에 장사지냈다는 〈가락국기〉 설화가 13세기 《삼국유사》 편찬 이후 조선 중기를 거치면서 허왕후가 실재의 인물로 인식되어가는 과정에서 역사적 실체로서 힘을 갖게 되었고, 이에 따라 어떤 능이 허왕후릉으로 비정되었을 가능성이 큰 것이다. 요컨대 현재 김해 구지산 봉우리 동쪽에 있는 허왕후릉은 어느 시점까지는 신원 확인이 되지 않은 누군가의 묘였는데, 1469년 조금 전에 허왕후릉으로 알려졌고, 그에 따라 조선 말기 고종 때 정현석이 파사석탑을 이곳으로 옮겼을 가능성이 크다. 현재의 능이 〈가락국기〉에 언급한 구지봉 동북 언덕의 능인지 아닌지, 《경상도속찬지리지》에서 언급한 김해부의 북쪽인지 아닌지에 대해 이 자리에서 더 깊이 고찰할 필요는 없다. 허왕후는 존재하지 않은 전설상의 인물이고, 따라서 그의 무덤은 있을 수 없는 일이기 때문이다.

7 허왕후릉의 조성과 설화 날조 혹은 창작

그렇다면 왜 실재하지 않은 허왕후릉이 15세기 중반 이후 구체적으로 조성되었을까? 양천허씨의 관점에서는 수로왕과 허왕후 사이에서 아들이 나와야 하고, 그 아들은 수로왕의 후임인 거등왕의 동생이 되어야 하며, 그 성은 김씨가 아닌 허씨가 되어야 한다. 허적은 1647년 2월 허왕후릉을 다시 보수하면서 세운 〈보주태후허씨능비음기普州太后許氏陵碑陰記〉를 통해 수로왕이 아들 열을 낳고 그 가운데 두 아들에게 허씨 성을 하사한 것으로 기록한다.

허왕후릉이 조성된 이유

그렇다면 왜 실재하지 않은 허왕후릉이 15세기 중반 이후 구체적으로 조성되었을까? 이와 관련하여 16세기 유력한 허씨 관찰사였던 허엽(1517~1580)과 허적(1610~1680)을 주목할 필요가 있다. 허엽은 경상도 관찰사 재임 중인 1580년에 수로왕릉을 크게 보수한 바 있다. 이후 또 다른 양천허씨 관찰사인 허적도 마찬가지로 수로왕릉을 크게 보수한다. 왜 양천허씨 관찰사가 김해김씨의 시조인 수로왕의 능을 보수했을까? 경상도 관찰사로서 관할 지역에 있는 한 왕릉을 보수한 것으로 이해할 수도 있다. 하지만 그들은 신라의 다른 왕릉보다 수로에 대해 유독 많은 관심을 보였다. 이 시기 들어 허씨들은 수로를 허왕후와 관련지어 허왕후를 전설상의 인물이 아닌 실제상의 역사적 인물로 보고 수로를 치켜세움으로써 덩달아 허왕후의 역사성도 더 부각하려 한 것으로 추정된다. 수로왕을 자신들의 전설상 시조의 남편, 즉 할아버지로 인식한 것이다.

양천허씨의 관점에서는 수로왕과 허왕후 사이에서 아들이 나와야 하고, 그 아들은 수로왕의 후임인 거등왕의 동생이 되어야 하며, 그 성은 김씨가 아닌 허씨가 되어야 한다. 허적은 1647년 2월 허왕후릉을 다시 보수하면서 세운 〈보주태후허씨능비음기普州太后許氏陵碑陰記〉를 통해 수로왕이 아들 열을 낳고 그 가운데 두 아들에게 허씨 성을 하사한 것으로 기록한다. 하지만 몇 년 후 1671년 허목이 쓴 〈양천허씨족보서陽川許氏族譜序〉에 의하면 양천허씨의 시조는 허왕후가 아니라 고려 개국 공신 허선문이었다. 허왕후는 족보에는 전혀 등장하지 않은 설화 속의 인물일 뿐이다.

이에 따라 허왕후라는 존재는 민간전승에서 출발하여 왕릉의 비문에는 시조로 나오지만 족보에는 등장하지 않는 모순이 발생하게 된다. 족보라는 것을 쉽게 바꿀 수 없는 상황에서 허왕후의 지위를 시조로 상승시켜야 하는 문제에 직면한 것이다. 이를 해결하기 위해 허적은 허왕후를 족보는 아니지만 왕릉의 비문에 먼저 시조로 연계시키는 작업을 한 것으로 보인다. 허왕후가 열 아들을 낳고 그 가운데 두 아들에게 허씨 성을 하사했다는 이야기는 이런 맥락에서 등장한 듯하다. 열 아들 가운데 첫째는 김씨로 거등왕이 되었고, 둘째와 셋째는 허씨가 되었다. 그렇다면 나머지 일곱 왕자는 어떻게 되었을까?

족보 편찬자들이 갖는 씨족 집단에 대한 배타성과 유림 특유의 순결성 때문에 허위 족보를 만들어낼 가능성은 일반적으로 생각하는 것보다는 그리 크지 않다. 하지만 적어도 시조에 관해서는 역부환조易父換祖가 있을 수 있다.[29] 이미 만들어진 설화를 끌어들여 자신들의 시조를 고대의 한 개국자의 부인과 연결시키는 일은 그리 큰 무리는 아니었을 것이다. 더군다나 16세기 말과 17세기 초는 임진왜란과 병자호란을 겪은 후 이른바 이단적 풍조가 한층 풍미하던 시기다. 게다가 양란 이후의 국내 사회 질서 혼란으로 인해 씨족이 확산되고[30] 많은 족보가 만들어지는 과정에서 상당한 시조 윤색 작업이 이루어졌다. 허적이 숙종 전대부터 신분 구분을 명확히 하기 위해[31] 지패紙牌 대신 호패의 시행을 강력하게 주장하던 인물이라는 사실을 고려해보면 당시 시조 윤색이 얼마나 성행했는지를 짐작할 수 있다.

허왕후의 경우 양천허씨가 그러한 풍조를 적극적으로 받아들여 허왕후를 시조와 연계하려 함으로써 좀 더 대중화되었다. 이는 허왕후릉을 처음 언급한《경상도속찬지리지》가 편찬된 1469년 당시에 이미 이루어지기 시작했으며, 서서히 양천허씨의 족보와 연계된 것으로 보인다. 이를 통해 허왕후는 설화 속에 나오는 수로의 비妃가 아닌 역사 속의 수로의 비로서 그리고 실질적인 허씨의 시조로서 인식되었다. 현재까지도 여전히 양천허씨의 족보에 기록된 공식적인 시조는 허선문이다. 그런데 족보에서는 그를 허황옥의 30대손이라 설명해놓았다. 이는 시조가 공식적인 기록이라 허선문을 폐기하고 허왕후를 그 자리에 앉힐 수는 없는 상황에서 할 수 있는 최대한의 타협책이다. 족보를 함부로 고칠 수 없는 문화에서 허왕후에게 시조에 관한 실질적 지위는 부여하되 공식적인 지위는 부여하지 않은 고육지책의 결과인 것이다.

허왕후가 열 아들을 낳았다는 모티프의 의미

허왕후 설화의 확대는 조선 초기 이후 허왕후가 수로와의 사이에서 열 아들을 낳았다는 새로운 모티프가 등장하면서 본격적으로 이루어진다. 앞서 서술한 것처럼, 열 아들 모티프는 허왕후를 허씨 족보 안으로 위치시키기 위해 창안한 방식이다. 그런데 이러한 목적 외에 설화 확장이라는 측면에서도 큰 효과를 보았다.

허왕후가 열 아들을 낳았다는 이야기는 조선 인조 때인 1634년에 문인 송인宋寅의 《이암집頤庵集》에 처음 나타난다. 현전하는 여러 허왕후 설화에는 허왕후가 열 아들을 낳았고, 그 가운데 두 아들에게 허씨 성이 하사되었다고 나온다. 그런데 허왕후가 아들을 낳았다는 설화의 초기 형태가 기록된 《이암집》에는 세 아들에게 허씨 성이 하사된 것으로 나타난다.[32] 《이암집》에 의하면 허엽의 아들 허봉이 조부의 비문을 얻으려 당대의 명학자인 송인에게 부탁하러 갔다고 한다. 이 과정에서 허봉이 비문 작성에 필요한 자료로 자신의 조상에 대한 문안文案을 가지고 갔는데, 그 안에 열 아들의 이야기가 있었을 것으로 보인다. 공간公刊의 두려움을 강조하는 당시의 뿌리 깊은 이데올로기로 인해 족보의 정확성에 대해 극도로 엄격한 기준을 고수한다는[33] 사실을 고려해보면 열 아들 이야기는 허봉이 날조할 수 있는 성격의 것이 아니다. 따라서 당시 수로왕과 허왕후 사이에 열 아들을 두었다는 설화가 세간에 이미 만들어졌고, 그것을 허봉이 채록해 근거로 가지고 갔을 것이라 짐작할 수 있다.

그런데 이렇게 두 사람 사이에 둔 아들의 숫자가 둘이기도 하고 셋이기도 한 것을 보면, 왕자를 두었다는 설화가 당시로부터 오래지 않은 이전 시기에 만들어졌고 그래서 아직 어느 하나로 완전히 정해지지 않았을 것이라 추정할 수 있다. 허왕후가 자식을 열 두었는데 허씨 성을 둘 혹은 세 왕자에게 하사했다면 나머지 왕자는 어떻게 되었을까? 열 왕자 중에서 거등왕을 제외하면 아홉이며, 아홉에서 둘 혹은 셋을 빼면 일곱 혹은 여섯 왕자가 된다. 이 일곱 혹은 여섯 왕자를 설화에서 어떻게 정리했느냐에 따라 허씨 성을 하사받은 아들의 수가 둘이 될지 셋이 될지가 정해진다. 설화에서 둘 혹은 셋이 허씨 성을 하사받으면 나머지 일곱 혹은 여섯은 어차피 역사적으로 실재하지 않았기 때문에 역사에서 사라져버리는 존재로 만드는 편이 가장 합리적이다.

허씨 성을 하사받은 아들은 둘인가 셋인가

그러면 이 문제를 풀기 위해 먼저 후대의 자료들을 살펴보도록 하자. 《이암집》과 비슷한 시기인 17세기 전반에 편찬된 것으로 보이는 《진양지晋陽誌》에는 칠불암 이야기가 나온다. 그런데 이 유래와 관련하여 주목할 이야기가 하나 있다. 신라의 어느 왕이 옥부선인玉浮仙人의 피리 소리를 듣고는 일곱 왕자와 함께 그곳으로 갔고 일곱 왕자가 선인과 놀다가 성불했다는 이야기다.[34] 허왕후의 일곱 왕자가 보옥선인寶玉仙人을 따라 가야산으로 들어가 승선昇仙했다는 《가락삼왕사적고駕洛三王事蹟考》[35]의 이야기도 이와 흡사하다.[36] 두 이야기 모두 왕자가 일곱으로 나오는 공통점을 갖는다. 원래 '7七'은 불교나 무교 혹은 다른 어떤 종교 할 것 없이 '칠성七聖', '칠현七賢', '칠선七仙' 등과 연계되어 반짝이거나 뛰어난 지혜, 태양, 행운 등의 의미를 내포하는 숫자다. 지금도 일반적으로 칠공주라든가 칠성파라든가 하는 말이 널리 쓰인다.

민속신앙에서 허왕후가 수로왕과의 사이에서 아들을 낳은 것으로 이야기가 전개되려면 일곱 왕자가 산으로 들어가 신선이나 붓다가 되는 전설이 섞이는 편이 자연스러웠을 것이다. 그렇다면 원래의 왕자 숫자는 열이 될 것이고, 열 왕자 가운데 역사에서 분명하게 수로왕의 뒤를 이으면서 김씨 성의 왕이 되는 거등왕과 허씨 왕자 셋을 제외하면 나머지 왕자의 숫자는 여섯이 된다. 그렇게 되면 여섯이라는 숫자는 신선이나 붓다가 되는 이야기가 습합되기 어렵다. 나머지 왕자가 주변의 칠불 혹은 칠선과 관련된 민속신앙과 섞이면서 승선昇仙 혹은 성불成佛하는 존재로 자리 잡기 위해서는 허씨 성을 하사받은 왕자의 수가 둘이 되어야 한다.

허씨 성을 받는 수가 셋이고 신선이나 붓다가 되는 수가 여섯이면 3이라는 숫자가 갖는 상징적 의미 때문에 무게중심이 허씨에게 기울고 거기에서 또 다른 설화가 만들어질 수 있었을 것이다. 예컨대 첫째 왕은 허씨 중 무슨 나라를 세워 나중에 무슨 파벌을 이루었고 둘째는 무슨 나라를 건국해서 무슨 나라를 이루었으며 셋째는 어찌 어찌 했다는 식으로 전설이 확장되고 나머지 6은 특별한 의미 없이 사라졌을 확률이 크다. 설화를 만든 곳이 허씨 가문 쪽이었다면 이러한 설화가 만들어졌을 가능성이 컸을 것이다.

그런데 지금의 설화는 가문 쪽이 아닌 민속신앙 혹은 사찰 쪽에서 만들어졌을 것으로 보인다. 따라서 초점이 허씨 성이 아니라 칠불 혹은 칠선에 맞춰진다. 허씨 성을 하사받은 왕자가 별다른 의미를 부여받지 못한 채 둘이 되고, 나머지 일곱 왕자는 사라져버리는 존재가 되는 것은 이런 이유에서다. 허왕후가 열 왕자를 낳았다는 설화는 시간이 흐르면서 민간에 널리 전해져 내려오는 불교와 도교의 칠불/칠선 모티프와 습합하여 이와 같은 대중화의 구조를 갖추게 되었다.

물론 이 두 모티프의 순서가 바뀌었을 수도 있다. 칠불, 칠선의 영향을 받아 허왕후는 나중에 모두 승선하거나 성불이 되는 일곱 왕자를 둔 존재가 되었는데, 그렇게 되면 허씨의 시조가 만들어지지 않으니 허씨 성을 하사받은 왕자를 셋 만들어야 했을 것이다. 그러나 여기에는 김수로왕의 아들로 김씨 성을 가진 거등왕의 존재를 인정하지 않는 문제가 있다. 이로 인해 거등왕을 제외하고 두 왕자에게 허씨 성을 하사한 것으로 민간전승이 정리되었을 수도 있다.

칠선/칠불 신앙과 열 왕자 모티프

칠선/칠불 신앙과 열 왕자 모티프는 거의 동시대에 상호 작용을 하면서 하나의 설화를 구성했을 것이다. 〈칠불암유사〉에 나타나는 하동 쌍계사 칠불암 창건 설화에는 일곱 왕자의 이름이 나오는데, 혜진, 각초, 지감, 등연, 두무, 정홍, 계장이다. 또 다른 전승에 의하면 일곱 왕자의 법명은 금왕광불, 금왕당불, 금왕상불, 금왕행불, 금왕향불, 금왕성불, 금왕공불이다. 어떻게 해서 저런 이름들이 나오게 되었는지는 알 수 없다. 불교에서 널리 쓰는 법명을 참고하여 어떤 사찰의 관계자가 만들어낸 것으로 보인다. 아무런 근거 없이 누군가가 허왕후와 불교와의 관계를 조작해내기 위해 지어낸 이름을 거꾸로 허왕후가 불교를 들여왔다는 주장의 근거로 삼는 것은[37] 사이비 학문일 뿐이다.

중요한 것은 '열 왕자' 모티프가 설화에 자리 잡는 것 그리고 일곱 왕자가 성불이 되거나 승선하는 것, 다시 말해 두 왕자가 허씨 성을 받음으로써 허왕후가 전설상으로는 허씨 성의 시조로 자리 잡게 되었다는 점이다. 《진양지》에 설화가 실린 것으로 보아 이는 17세기 즈음의 일로 추측된다.

특정 성씨 종친회가 자신들의 족보를 고색창연하게 만들기 위해 역사적으로 관계없는 사람을 자기네 가문과 부회하는 현상은 어렵지 않게 찾을 수 있다. 이는 조선시대 양란 이후 족보가 양반이 아닌 상민常民에게 널리 퍼지면서 그들이 가문의 위엄을 세우기 위해 취한 전략이었다. 양란 이후 본관이나 출신지 등 지명을 들어 어디 사람 누구라고 본인을 확인하는 문화가 널리 확산되면서 이러한 현상은 더욱 기승을 부렸다. 재미있는 것은 그 과정에서 역사적 사실과 전혀 부합되지 않는 현상마저 나타난다는 점이다. 대표적인 예가 한국의 상산김씨와 중국 《삼국지》에 나오는 조자룡과의 연계다.

상산김씨의 상산商山은 현 경북 상주의 옛 이름이다. 그런데 조자룡의 출신지 상산常山과 이 상산이 한글 음이 같아서 둘이 설화 속에서 만나는 일이 생긴다. 상주의 상산김씨 가운데 일부는 사당을 지어 상산 조자룡을 조상으로 모신다고 한다. 상주의 성주봉에서 조자룡이 무예를 연마했다는 전설도 있다. 어떤 연유인지는 모르겠지만 임진왜

란에서 큰 활약을 한 상주의 정기룡 장군이 이 지역에서는 조자룡과 비견된다는 속신도 있다. 이 모두는 '상산'과 관련된 족보의 위엄 세우기 차원에서 진행된 역사 만들기의 일환으로 봐도 무방할 것이다. 이처럼 전설을 통한 특정 성씨 조상 현창 현상은 전국적으로 상당한 사례가 있을 것으로 보인다.

이런 예는 설화가 만들어진다는 것이 얼마나 비논리적이고 정서적인지, 설화가 얼마나 확장 지향적인지 잘 보여준다. 모두 조선시대 양란 이후 족보의 대중화와 족보의 위엄을 더욱 크게 세우려던 움직임이 낳은 현상이다.

명월사의 날조 혹은 창작

열 왕자와 성불 혹은 승선의 모티프를 장착한 허왕후 설화는 18~19세기를 거치면서 더욱 다양한 이야기로 확대재생산된다. 이 과정에서 가장 중요한 역할을 한 것이 '장유화상'이라는 허왕후의 형제다. '장유화상'이 처음 등장한 것은 흥국사로 이름이 바뀐 옛 김해 명월사의 〈명월사사적비문明月寺事蹟碑文〉이다. 이 비문에 의하면,

> …… 왕이 그 신령스럽고 다름에 감동하여 산 이름을 명월이라 짓고, 뒤에 절을 세 곳에 세우도록 명령하고, 흥興, 진鎭, 신新 세 글자로 국國 자字 위에 얹어 편액하여 길이 나라를 위하여 축원하고 다스리는 장소로 했다. …… 절을 중수할 때 또 하나의 기와를 무너진 담 아래에서 얻으니 그 뒷면

에 "建康元年甲申三月藍色" 등의 글자가 있으니 이 또한 장유화상이 서역으로부터 불법을 받들어 와 왕이 중重히 숭불했던 것을 역시 가히 체험할 것이다(《명월사사적비문》).[38]

비문에 의하면 명월사는 숭정병자崇禎丙子 후 72년, 즉 1708년에 증원證元이라는 승려가 지은 것이라고 한다. 하지만 이는 사찰의 연기

[그림 4] 명월사사적비

지금은 흥국사로 이름이 바뀐 옛 김해 명월사明月寺의 사적비事蹟碑.

장유화상이라는 이름이 이 사적비의 비문碑文에 처음 등장한다.

설화를 고증하기 위해 중수 과정에서 오래된 기와가 나왔다는 비기秘記 의존 방식을 사용하여 날조 혹은 창작한 것으로 보인다. 기와나 고서 등을 통한 비기 의존 방식은 사찰들이 자신의 고색창연함을 드러내고 그를 통해 더 많은 신도들을 확보하기 위해 사용하는 상투적인 수법이다. 비문 내용이 흥국, 진국, 신국이라는 국가주의 개념을 사용한 것으로 보아 20세기 이후 일제에 의해 호국불교가 널리 선전되는 즈음에 만들어진 것이 아닌가 한다.

더욱 중요한 것은 이 명월사가 한국 불교 전래의 유구한 역사를 드러내고, 그것이 자신의 사찰에서 이루어졌음을 나타내기 위해 '장유화상'이라는 상상의 인물을 날조해낸 사실이다. 그런데 많고 많은 이름 중에 왜 '장유'라는 이름을 썼을까? 이름을 갖다 붙일 무렵과 가장 가까운 시기에 만들어진 모티프는 수로-허왕후의 아들들이 하나는 거등왕이 되고, 둘은 허씨의 시조가 되고, 나머지는 '성불이 되거나 승선'했다는 것이다. 그 이야기가 보여주는 탈속脫俗의 메시지가 설화의 원전인 〈가락국기〉에 나오는 허왕후와 수로왕의 합혼 장소에 들어선 사찰 이름인 '장유長遊'와 조화를 잘 이루었기 때문에 허왕후의 형제 이름을 '장유'라고 지었을 것으로 추정한다.

기록의 날조는 불교 사찰의 연기 설화에서 흔히 나타나는 현상이다. 앞에서 서술한 것처럼, 불교의 역사 서술은 사실을 근거로 삼아 이성적 인과 관계를 기록한 것이 아니다. 사건의 인과 관계를 이성으로 파악할 수 없는 기이의 현상 뒤에 숨겨져 있는 경이의 감성으로 기술한 것이다. 따라서 사실로서 존재하지 않은 이야기를 만들어내는 것을 그리 괘념치 않는다. 현재 쓰고 있는 사회과학 측면에서 보면 그런 행동은 날조라 불러야 할 것이다. 그러나 문학적 행위로 보면 엄연한 창작이라 부를 수도 있다.

적확한 예로 현재 경남 산청에 있는 왕산사王山寺 연기 설화와 구형왕릉 비정 문제를 들 수 있다. 왕산사는 가락국 마지막 왕인 구형왕仇衡王의 능을 수호하는 사찰로 알려져 있다. 그 근거를 1650년 승僧 탄영坦瑛이 적었다는 〈왕산사기王山寺記〉에 두고 있다. 〈홍박사의영왕산심능기洪博士儀泳王山尋陵記〉에 의하면, 1798년 왕산사에 민경원이라는 선비가 체류하면서 오래된 신비한 나무 궤짝이 있음을 알게 된다. 열어보니 승 탄영이 그로부터 100년 전에 적어 보관해 놓은 기록이었다. 기록에는 왕산사 앞에 있는 능이 구형왕릉이라고 되어 있었다.

이는 승 탄영이 왕산사가 고색창연하다는 점을 드러내고자 인위적으로 날조한 기록이고 그것이 100년 뒤에 발견된 것일 가능성이 크다. 따라서 그 기록을 신빙성 있는 자료로 인정하기는 어렵다. 하지만 대중들의 속신은 기록의 신빙성이나 합리성에 크게 관심을 두지 않는다. 결국 이 같은 비기적祕記的 방법으로 무덤은 구형왕릉으로 인정받게 되었고, 무덤 주위에 있는 왕산사는 가락국과 관련 있는 절로 알려지게 된다.

그런데 이 과정에서 '왕릉'으로 알려진 석축을 둘러싸고 인근의 지곡사智谷寺와 김해김씨 종중 간에 갈등이 벌어지게 된다. 탄영의 비기를 우연히 발견한 민경원에 의해 그 '왕릉'이 구형왕릉이라는 사실이 알려지면서 김해김씨 후손들이 묘소를 정비하고 사당을 지으려 하자 지곡사 측이 격렬히 반대한 것이다. 양 집단 간의 알력 다툼에서 산청현은 김해김씨의 손을 들어줬다. 경상도 감영은 '구형왕릉을 역대 왕릉에 준하여 보존 수호해야 한다'고 결론 내렸다.[39] 이에 따라 원래 사찰 부근에 있던 특이한 형태의 탑이던 한 석축은 구형왕릉이 된다. 한 불교 사찰이 신도 확보 차원에서 날조한 기록에서 출발했으나 그 후 김해김씨 종중에 의해 결정적으로 역사화된 것이다.

장유사와 장유화상

조선 사회에서는 17세기 후반 즈음부터 가계를 족보를 통해 합동으로 기록하고 보존하기 시작했다.[40] 족보 제작 외에도 족계族契를 조직하거나 문중 서원, 사우祠宇를 건립하는 등 여러 가지 문중 활동이 활발하게 전개되었다. 이러한 과정을 거치면서 조상을 현창하는 사업이 활성화되었다. 평범한 석축이 구형왕릉으로 둔갑한 것도 이 같은 사업의 일환이었다. 허왕후 또한 김해김씨와 양천허씨 문중에서 역사적 실재 인물로 자리 잡혔다. 이 같은 과정에서 문중과 불교 사찰은 때로는 알력을 빚는 경쟁 관계이기도 했지만, 역사 만들기 차원에서는 같은 편이었다. 사찰의 연기 설화 창조와 특정 성씨 문중의 조상 현창 사업이 만나 '역사 만들기'로 발전한 것이다.

'장유화상'이라는 존재가 만들어진 이후 허왕후와 관련된 사찰의 연계 설화는 김해의 장유사長遊寺에서 한층 더 자세하게 다듬어진다. 현재 상당수의 백과사전이나 포털 사이트 등은 허왕후에 대해 설명할 때 〈가락국기〉가 처음 만들어질 당시 수록된 내용과 그 이후의 내용을 구별하지 않고 한 덩어리로 설명한다. 전문가가 아닌 일반인은 이러한 설명을 보면서 대부분은 〈가락국기〉보다 1000년이 훨씬 지난 후 인위적으로 만들어진 인물을 〈가락국기〉 당시의 인물로 착각하는 경우가 많다. 허왕후의 오빠라고 소개되는 장유화상이 대표적이다.[41] 장유화상은 명월사에서 처음 만들어진 후 1915년 숭선전 참봉 허식이 찬수한 장유사의 장유화상기적비長遊和尙紀蹟碑에 다음과 같이 구체화된다.

> …… 화상의 성은 허씨요, 이름은 보옥寶玉인데 아유타국 국군國君의 아들이다. 우리 시조 가락국 수로왕 7년 무신년戊申年에 보주태후 허씨가 아유타국의 공주로 아버지의 명을 받아 배를 저어 누백유순累百由旬에 와서 능히 하늘이 지은 배필을 이루니 그 깃발은 적황색이요, 그 탑은 바람을 진압하고, 그 모시는 신하는 남녀 수십 인이요, 그 일행을 호위하던 자는 화상이니 태후의 아우다. 화상이 허왕후의 친정 사람으로 부귀 보기를 뜬 구름같이 하고 드디어 진세塵世의 모습에 초월하여 불모산佛母山에 들어가 길이 놀고 돌아오지 않으니 세칭 장유화상은 이 때문이라. …… 만년에 가락왕자 7인과 더불어 방장산 속에 들어가 붓다로 변하니 지금의 하동군 칠불암이 그 터다(〈장유화상기적비長遊和尙紀蹟碑〉).

허왕후 설화는 이 비문에 의해 다양한 이야기로 확대된다. '장유長遊'는 이 과정에서 중요한 역할을 한 이름이다. 앞서 살핀 것처럼 '장유화상'은 날조된 이름이지만 '장유산'은 《삼국유사》에 등장하는 이름이다. 허왕후와 수로왕이 합혼한 곳에 왕후사를 세웠던 때가 452년이고, 500년 후 그 자리에 장유사가 세워졌다고 했다. 그런데 장유사에는 허왕후와 관련한 어떤 실마리나 근거도 언급되지 않았다. 그러다가 1000년 정도가 지난 후에 '장유화상'이라는 이름의 허왕후 형제가 등장하게 된 것이다. 나중에 허왕후의 남자 형제가 필요하다고 느낀 누군가가 수로와 합혼한 자리에 있는 사찰의 이름을 따 장유화상으로 만든 것으로 보인다.

그렇다면 왜 많고 많은 이름 중에 '장유'를 따온 것일까? '장유'라는 어휘는 한자의 뜻으로 볼 때 도교적 사상을 담고 있다. 도교의 개념이 허왕후의 남동생으로 등장한 것은 허왕후가 역사적 실체로 성장하는 과정에서 허왕후가 낳은 일곱 왕자가 신선이 되거나 성불한 존재로 그려졌기 때문인 듯하다. 18세기에 불교의 어느 작은 사찰에서 허왕후의 아들들은 도교의 신선이 되거나 성불을 이룬 사람으로 인식되었다. 불교 사찰 입장에서는 신선이 되는 것보다는 성불하는 쪽이 더 유리했고, 그렇게 되면 불교를 인도에서 가지고 온 사람이 필요해진 것이다. 조선시대의 분위기상 이 사람은 여성보다는 남성이 적합했다. 허왕후의 형제가 필요해진 것이다. 허왕후를 대동한 피붙이 남자 형제가 불교를 직접 가지고 온 것으로 이야기가 만들어지는 것은 이런 맥락에서다. 그 과정에서 왕후사, 즉 허왕후와 수로왕이 합혼한 곳과 장유사를 연계시키는 것도 유의미해졌다. 요컨대 '장유산'의 '장유'라는 어휘가 도교를 통해 불교의 탈속 사상과 결부되면서 산과 관련을 맺어 허왕후의 남자 형제의 필요성이 자연스럽게 대두된 것으로 보인다.

불교 사찰이 주도한 허왕후 전설 확장

장유사 비문에서는 '장유화상'의 이름을 세칭이라 하고, 본명을 보옥이라 붙였다. 이는 일곱 왕자가 보옥선사를 따라 가야산으로 들어가 승선했다는 〈삼왕사적고〉의 전설을 원용한 것으로 보인다. 그런데 장유사에서 만들어진 설화에서 남자 형제는 손아래 동생으로 되어 있다. 조선조의 분위기상 장유화상이 친정 사람이기 때문에 손위 누이인 허왕후에게 누를 끼치지 않기 위해 속세를 등진 것으로 하기 위해 남동생으로 나타난 것이 아닐까 싶다.

명월사–장유사의 장유화상 창조와 비슷한 시기에 만들어진 김해의 은하사 연기 설화는 사찰에 의한 설화 창조의 또 다른 방향을 보여준다. 경남 김해의 은하사 대웅전 안에 있는 〈취운루중수기翠雲樓重修記〉 현판은 1812년에 만들어진 것이다. 〈취운루중수기〉에 의하면 장유화상은 장유사 전설과 달리 허왕후의 오빠다. 그는 허왕후가 가락국에 올 때 동행했는데, 도착 후 수로의 명으로 은하사를 창건한 것으로 되어 있다. 장유화상이 허왕후의 오빠로 나타난 것은 이 기록부터다. 장유화상이 허왕후의 동생이라면 그의 나이가 허왕후 나이인 16세보다 어리다는 말이다. 15세 이하의 소년이 이역만리에서 불교를 가져와 전파했다면 아무래도 무게가 떨어진다. 그래서 그를 오빠로 바꾼 것으로 보인다.

이 전설 또한 은하사를 아주 오래전에 창건된 사찰로 만들기 위해 고의로 날조한 것으로 보인다. 이에 대해 김영태는 1910년 직후 일제가 실시한 조선사찰령에 의해 30본산제가 실시되면서 각 사찰이 본말

사법에 묶여 새로 정리될 때 가락 고찰임을 드러내기 위해 창건 연대를 가락국 개국 첫 해로 한 것으로 짐작된다고 말한다.[42]

장유화상은 어떤 설화에서는 지리산으로 들어갔다고 하고, 어떤 전설에서는 불모산으로 들어갔다고 한다. 어떻든 허왕후를 떠나 속세를 등진다. 불모산의 경우를 보자. 허왕후의 일곱 왕자는 모두 외숙인 장유화상을 따라 불모산으로 들어가 붓다가 되었다. 논리상 허왕후는 일곱 붓다의 어미, 즉 불모가 되었기 때문에 그 산을 불모산이라고 부르게 되었다. 불교 사찰이 주도한 전설 확장 사업의 전형적인 예다.

이렇게 새로운 전설이 확장된 것은 조선 후기에 불교 사찰이 급속도로 늘어난 사실과 관계가 있다. 불교 사찰은 조선의 숭유억불 정책으로 인해 교세가 기울면서 큰 규모의 사찰은 많이 무너졌다. 하지만 후기 들어 규모가 작은 암자들이 많이 생겨났다. 18세기 중반의 통계를 보면 전체 사찰 가운데 사寺가 차지하는 비율이 68.7퍼센트인 반면, 암庵이 차지하는 비율은 31.3퍼센트로 암자의 비율이 매우 높았다.[43] 영정조 무렵에는 정부가 통제에 어려움을 겪을 정도로 증가하여 현황 파악과 관리를 위해 《범우고梵宇攷》를 편찬할 정도였다.[44] 당시의 작은 사찰들은 살아남기 위한 고육지책으로 사찰의 연기 설화 창조에 적극 나섰던 것으로 보인다. 이 과정에서 불교는 특유의 융합주의로 도교와 무교의 문화와 적극 절충했다.

인도 밖에 나가서도 각지의 민간신앙과 매우 활발한 습합이 이루어졌다.
불교는 특유의 탈脫정체성과 비非근본의 전통으로 인해 인도 안에서도,
이후로는 무속신앙과 매우 잘 섞이면서 점차 규모가 커졌다. 이는 불교 특유의 성격 때문이다.
허왕후 설화는 조선의 양란 이후 작은 불교 사찰들이 주도적으로 만들어냈으나

8 무속과의 습합

보리암 설화, 허왕후 설화와 무속신앙의 융합

'장유화상'은 김해의 작은 사찰들을 통해 인도에서 불교를 들여온 인물로 만들어졌다. 이후 장유화상은 설화 속에서 불교 초전자初傳者 외에도 인도에서 차[茶]를 가져왔다는 등 인도와 접촉을 맺는 역할을 맡는다. 그는 김해 지역을 비롯한 산간 지역에서는 주로 불교 초전자로서 등장한다. 이는 그가 '장유'라는 어휘로 인해 산과 관련을 맺는 존재가 되었고 그에 따라 허왕후의 아들들을 데리고 속세를 떠나 산으로 들어가는 존재로 의미화되었기 때문으로 보인다. 이와 달리 바다와 밀접한 곳에서는 그런 인물로 등장하지 않는다. 바다와 관련이 있는 사찰의 경우 불교의 초전이나 인도와의 관련 역할은 여전히 허왕후가 맡는다. 허왕후가 처음 전설이 만들어질 때부터 바다와 연관되었기 때문이다.

이러한 설화의 좋은 예를 남해 금산사 보리암 설화에서 찾을 수 있다. 보리암의 관음보살상 연기 설화를 보자.

> 그 법당의 관음보살상은 허씨부인이 가져왔다고도 알려져 있고, 원효대사가 바다 가운데서 모셔온 것이라고 알려져 있다고 한다. 후자에 의하면 어느 날 원효대사가 사시공양을 마치고 법당에서 나오니 멀리 바다에 신비한 광채가 떠올라 있었다. 세존도라는 섬인데 그곳을 향해 원효대사는 돌배를 타고 갔다. 세존도는 보리암에서 150~160km 정도 떨어진 섬으로 두 개의 큰 구멍이 뚫려 있는 바위섬이다. 원효대사가 그곳에서 어떤 물건을 가지고 왔는데 이것이 인도에서 제작되어 해상 용왕의 호위를 받아 보리암까지 왔다.

이 전설은 허왕후 설화를 구성하는 가장 중요한 모티프인 '인도'가 무속신앙의 '돌배' 그리고 한국 불교 설화의 '원효'와 섞여 만들어진 것임을 알려준다. '인도'는 허왕후가 바다로부터 건너왔다는 모티프에 《삼국유사》 황룡사 장육상 설화와 파사석탑 설화에 나타나는 '표류' 모티프가 혼합된 형태다.

또 하나의 중요한 모티프인 '돌배'는 허왕후 설화와 관련된 지역 민속 중 하나인 돌 숭배와의 융합을 나타낸다. 이 전설은 허왕후와 연계되어 있는 김해 용원 지역의 돌배 설화와도 연결된다. 용원 지역의 돌배 설화는 〈가락국기〉에 있는 허왕후의 바다 도래 모티프가 이 지역의 고유 민속인 돌 신앙과 습합된 것이다. 또한 이 전설에서는 관음을 대체하는 해신 신앙도 볼 수 있다. 허왕후가 바다에서 건너왔다는 설화, 특히 파사석탑과 연결되면서 풍랑을 이겨내는 등 바다의 고초를 극복했다는 전설은 허왕후가 해신의 역할을 맡도록 했다. 결국 이 전설은 남해 인근 지역에 두루 나타나는 여러 가지 형태의 민속신앙, 즉 돌배, 탑, 해신 등이 총망라한 민속신앙이 허왕후로 흡수되어 만들어진 것이다.

보리암 삼층석탑 설화는 그 자체로도 좋은 허왕후 설화의 예를 가지고 있다. 전설에 의하면, "이 석탑은 김수로왕비 허태후가 인도 월지月氏국에서 가져온 불사리를 원효대사가 이곳에 모셔 세웠다". 월지국은 기원 전후 시기 지금의 아프가니스탄과 파키스탄 그리고 북부 인도를 통치했던, 나중에 한국으로 전파된 대승불교의 기원지인 간다라 지역을 영토 내에 갖고 있던 꾸샨국을 가리킨다. 전설은 허왕후의 출신지가 '아요디야'에서 조선 초기에 '남천축'으로 바뀌었다가 보리암 삼층석탑 설화가 만들어질 무렵 다시 '꾸샨'으로 바뀌었음을 알려준다. 앞서 서술한 바와 같이, 허왕후 설화를 창조한 사람들은 인도사에 관한 역사적 사실에 대한 지식이 부족한데다가 항상 불교적 세계관에 둘러싸여 있었다. 이 때문에 역사를 자신들이 알고 있는 불교적 지리관에 따라 부회한 것이다.

꾸샨은 대승불교가 발생한 곳이기 때문에 인도 고대사 전문가가 아니더라도 한국의 대승불교도들에게는 비교적 잘 알려진 곳이다. 그리고 인도에서 처음으로 불상이 만들어지기 시작한 간다라 지역이 이 꾸샨 영토 내에 속해 있는데다가 불탑 숭배도 매우 성행했다. 불탑의 연기 설화로 꾸샨과의 연계를 만들어내는 움직임이 매우 자연스럽게 이루어진 이유는 여기에서 찾아야 할 듯하다.

금산사 보리암 설화의 또 다른 주인공인 원효는 의상義湘과 함께 한국 불교 설화에서 가장 많이 등장하는 인물이다. 의상이 불학, 수도 등 인민들의 신앙과 다소 거리를 두는 설화에서 주인공으로 등장하는 반면, 원효는 대중 구제, 기복 등 인민들의 신앙생활과 밀접한 부분에서 주인공으로 등장하는 경우가 많다. 허왕후 설화에 원효가 등장한 것은 이런 맥락에서 많은 시사점을 준다. 즉 원효의 등장은 허왕후 설화가 사찰 연기 설화로서 사찰의 정통성이나 고색창연함을 드러내는 의도로 활용되는 것을 넘어 인민들의 기복신앙의 중심에 서게 되었음을 보여주는 것이다. 특히 이 설화에서 허왕후가 불교 기복신앙의 핵심 매개체인 불사리를 가지고 온 인물로 그려지는 것은 허왕후가 사찰의 기복신앙과 깊은 관련을 맺게 되었음을 드러내는 징표다.

금산사 보리암의 안내문에 의하면 원효대사가 683년 금산에 처음으로 절을 세운 것을 기념해 허태후가 인도에서 가져온 파사석으로 탑을 만들었다고도 하고, 허왕후가 가져온 부처의 사리를 이곳에 안치하기 위해 탑을 세웠다고도 한다. 설화의 특성상 역사 시기의 앞뒤는 전혀 맞지 않는다. 설화를 곧이곧대로 믿는다면, 허왕후는 서기 1세기경에 가락국으로 왔고, 원효가 허왕후가 가지고 온 불사리를 안치하기 위해 이 절을 지은 것은 683년이다. 실제 역사에서 두 사건을 연계시키는 것이 불가능한, 전형적인 불교 설화인 것이다. 뿐만 아니라 허왕후릉에 있는 파사석탑과 달리 이 탑의 돌은 전혀 기이하지 않은 전형적인 화강암이다. 사찰 관계자들도 이 이야기가 너무나 심하게 역사적 실체와 맞지 않는다는 점을 알아차렸는지, 안내문에서 이 탑은 화강암으로 만들어진 것이라면서 허왕후가 가져왔다는 전설은 사실과 거리가 멀다고 말하고 있다.

망산도 전설, 허왕후 설화와 지역 신앙의 결합

이렇듯 허왕후 설화가 지역 고유의 숭배와 합쳐지는 현상은 김해 및 경남 지역, 특히 바다와 관련된 지역에서 확인 가능하다. 경남 진해 용원의 망산도와 유주도維舟島 전설은 좋은 예다. 《삼국유사》〈가락국기〉조에 의하면, 수로가 신하를 보내 허왕후 일행을 맞이하라고 했는데 허왕후 일행이 들어오는 곳이 망산도였다고 한다. 그 망산도가 정확하게 어디인지는 알 수 없으나 현재 경남 진해 용원포구 앞에 있는 한 작은 돌섬을 망산도라고 부른다.

진해의 망산도는 1980년대 신항만 공사로 인해 매립되어 지금은 섬이라 부르기 어려운 상태이고 그래서 신비감도 많이 줄어들었다. 하지만 거북 등 같기도 하고 공룡 알 같기도 한 여러 바위들이 모여 있는 모습은 오랜 옛적부터 사람들의 숭배를 받기에 충분했을 것으로 보인다. 독특한 바위와 바위섬 앞에 있는 엎어진 배 모양의 특이한 바위는 이 지역에 두 바위에 대한 숭배 신앙이 오래전부터 있었을 것이라는 짐작을 가능하게 한다. 특히 배 모양의 바위는 허왕후가 바다로 배를 타고 들어 왔으며 돌(즉 석탑)을 가져왔다는 설화의 모티프와 잘 어우러질 수 있다. 즉 그 바위는 허왕후가 도착한 후 돌배(돌을 가져온 배는 어느덧 돌로 된 배, 즉 돌배가 된다)가 엎어져 지금의 바위가 되었다는 이야기로 만들어진다. 원래 이름은 '쪽박섬'이었는데, 허왕후 전설

[그림 5] 망산도
경남 창원(옛 진해) 앞바다에 있는 한 작은 돌무더기 섬. 허왕후가 배를 타고 온 돌섬이 있다는 《삼국유사》 이야기에 맞춰 원래의 말모섬이 망산도로 불린 것으로 보인다.

과 연결되면서 한자로 유주도라고 불리게 된 것이다.

지금 '망산도'라고 부르는 그 바위섬의 원래 이름은 말모섬 혹은 말무섬이었다. 언제 망산도로 바뀌었는지는 정확하게 알 수 없다. 유추하건대, 허왕후가 배를 타고 온 돌섬이 있다는 《삼국유사》 이야기에 맞춰 쪽박섬이 돌배로 바뀌고 말모섬이 망산도라 불린 것으로 보인다. 이는 김해 지역에 허왕후 설화가 널리 확장되던 18세기 이후에 형성된 것으로 추측된다. 1970년대까지 이 지역에는 부인당夫人堂이 있었다. 해신을 섬기는 전형적인 당집이었다. 부인당은 기이한 돌인 말무섬과 섬 앞바다에 있는 쪽박섬의 존재 때문에 생긴 무속신앙이다. 그런데 김해 지역에 허왕후 설화가 강력하게 등장하면서 작은 규모의 무속 설

[그림 6] 유주도
망산도 앞바다에 있는 작은 돌섬. 허왕후가 배를 타고 온 돌섬이 있다는
《삼국유사》 이야기에 맞춰 원래의 쪽박섬이 돌배로 바뀌고, 한자로 유주도維舟島라 부른다.

화는 허왕후 설화에 포섭되어버렸다. 이때 말무섬은 망산도로, 쪽박섬은 유주도로, 당집에서 모시는 부인은 허왕후로 바뀌었다.

어떤 이는 붉은 깃발과 돛을 달고 파사석탑을 실은 배를 석주(돌배)로 착각했다면 이는 가까운 곳에서 관찰한 결과가 아닐 것이라면서, 어쨌든 항로상 망산도를 거쳐간 것은 분명하다고 말한다.[45] 허왕후가 실제로 파사석탑과 함께 배를 타고 망산도로 왔다고 본 것이다. 하지만 허왕후가 배를 타고, 더군다나 파사석탑을 탑재하고 망산도로 온 것은 실제 일어난 사건이 아니다. 허왕후 설화가 만들어지면서 김해 지역에 오래전부터 있어왔던 돌무더기와 돌배 신앙이 허왕후 설화에 습합된 것일 뿐이다. 신화를 역사적 사료로 삼을 때는 처음 그 뼈대가 만들어질 때부터 당대에 접하는 설화까지 통시적으로 검토해야 한다. 그렇게 하지 않으면 자칫 설화의 역사성을 설화의 실재성으로 착각하는 경우가 발생할 수 있다.

해은사 설화, 무속신앙이 허왕후 신화에 포섭되다

무속신앙이 허왕후 신화에 포섭된 또 다른 예는 김해 분산성의 해은사海恩寺 설화에서도 확인할 수 있다. 전술한 망산도의 경우도 마찬가지지만, 이 경우도 인류학자 프레이저James George Frazer가 말하는 공감 주술의 일종으로 특히 다산 숭배 현상과 이어지는 경우가 많다.

해은사는 허왕후가 인도에서 올 때 바다에서 풍랑을 만났으나 결국 무사히 도착했다는 파사석탑 설화를 기반으로 하고 있다. 사찰 측은 사찰 경내에 세운 탑이 허왕후가 가져온 파사석탑이라면서 진신사리 보탑이라고 주장한다. 그러나 이 탑은 허왕후릉에 있는 파사석탑과 같이 기묘한 돌도 아니고 그냥 보통의 돌로 아주 최근에 만들어진 탑이다. 다만 탑의 모양을 한국 전래 양식에 따라 만들지 않고 스리랑카나 미얀마나 태국 등 이른바 남방불교 지역에서 볼 수 있는 형태를 따랐다. 내용을 교묘하게 조작하거나 날조한 것이 아닌, 오로지 외형적인 것을 통해서만 신도들을 기망하는 사찰 비즈니스의 전형적인 수법이다.

해은사 설화를 망산도 설화와 비교해보자. 망산도 설화가 자연물의 기이함에서 유사성을 찾는 전형적인 돌 숭배인 데 비해 해은사의 '파사석탑'은 인위적인 석탑 조성을 통해 유사성을 연계시키는 방식이

[그림 7] 해은사 파사석탑
김해 분산성의 해은사 경내에 세워진 파사석탑. 호계사 파사석과는 아무 관계가 없음에도 그렇게 이름을 지은 것은 인위적으로 허왕후와의 관계를 맺기 위해서인 것으로 보인다.

다. 지역의 민속신앙에는 기이한 돌(혹은 다른 자연물)에 대한 숭배가 오랜 세월 존재했기 때문에 그러한 대상 숭배와 다른 설화와의 습합이 자연스럽게 전개될 수 있다. 망산도 설화가 그 전형으로 이 같은 설화는 상당한 파급력과 생명력을 가질 수 있다. 그런데 그러한 돌이나 자연물을 찾기 어려운 경우, 일부 사찰에서는 인위적으로 숭배물을 만들어내기도 한다. 가장 좋은 방식이 전설을 기반으로 불탑을 조성하는 것이다. 해은사의 '파사석탑'이 후자에 속하는 전형이다. 이 경우 다른 여러 가지 숭배물을 적극적으로 찾아 패키지로 만들어내는 작업을 하는 일이 많다.

해은사에는 이른바 허왕후 영정을 안치한 대왕전을 지나 파사석탑으로 가는 길에 작은 돌을 붙이면 아들을 낳는다는 설화를 가진 '봉돌'이라는 큰 돌이 있다. 전형적인 기자祈子 신앙을 가진 돌이다. 사찰 측(혹은 신도들)이 이 돌에 대한 설화를 아직 만들지 않아서(혹은 만들어지지 못해서) 그냥 단순한 봉돌로 있다. 사찰 측이 좀 더 적극적으로 나서서 노력한다면 허왕후가 이 바위에 걸터앉은 후 거등왕을 가졌다는 등의 설화는 얼마든지 만들어질 수 있다. 이 경우는 프레이저가 규정한 바 접촉의 법칙에 따른 감염 주술이 추가되는 것이다. 허왕후와의 접촉을 통해 주술력이 발생하리라는 기대가 생기고 그러한 기대가 설화를 확장시키는 데 큰 역할을 하는 것이다. 해은사는 감염 주술의 원천을 자연물인 봉돌에서 찾지 않고 인공물인 석탑 조성에서 찾았다. 그러니 신도들 사이에 주술력의 경험담이 생기거나 다른 방식을 통한 전설 확장이 생기지 않은 것이다. 사찰 비즈니스가 크게 성공하지 못한 사례다.

사찰 측은 파사석탑이라고 날조하여 조성한 탑 안에 붓다의 진신사리가 담겨 있다고 주장한다. 1997년에는 파사석탑이 이곳으로 오게 된 행차를 가상하여 행렬을 하기도 했다. 이 또한 민간신앙에서 자연스럽게 나오거나 민간신앙과 만나는 방식이 아닌 인위적으로 전설을 만들어내는 방식이다. 이런 과정을 거칠 경우 전설은 민간에 쉽게 확장되지 않는다.

해은사의 사찰 비즈니스와 관련하여 또 하나 흥미로운 부분이 있다. 이 절에서 허왕후 영정이라는 그림을 모시고 있다는 사실이다. 그들은 이 절의 대왕전大王殿은 수로왕을 모시는 곳이라고 주장하는데,

[그림 8] 해은사 허왕후 영정
김해 분산성 해은사의 대왕전 안에 있는 영정.
해은사 측은 이것이 허왕후 영정이라 주장하지만 그렇게 볼 근거는 전혀 없다.

그 수로왕 영정 옆에 허왕후 영정이 있다는 것이다. 영정의 주인공이 수로왕이나 허왕후인지에 대해 역사적으로 고증한다는 것은 아무 의미 없는 일이다.

그렇다면 어떤 과정을 통해 이 영정이 허왕후 영정으로 둔갑한 것일까? 이 영정은 허왕후 영정이라고 주장하는 현전하는 영정들 중 가장 오래된 것이다. 미술사학자 강희정에 따르면, 이 그림의 색채는 20세기에 개발된 안료에 의해서야 가능하다. 이영식은 이에 대해 이 지역에서는 16~17세기 이전까지는 무녀가 다산 숭배를 주도해왔는데, 어느 때부터 허왕후가 무녀의 역할을 대체하여 다산 숭배의 주체로 자리 잡았을 것이라고 말한다.

그러한 다산 숭배를 잘 보여주는 것이 바로 위에서 언급한 봉돌 숭배다. 봉돌에 쌀이 붙으면 아들을 낳는다는 기자祈子 신앙이 바로 그것인데, 이 신앙은 결국 이 돌을 망산도에서 가져왔다는 것으로 부회한다. 민간에서 자연스럽게 만들어진 전설인지, 사찰에서 비즈니스 차원에서 일부러 만들어 퍼트리는 것인지는 알 수 없다. 하지만 이 사찰이 전형적인 기복신앙을 가진 곳으로 출발했고, 그것이 허왕후 전설로 이어졌다는 점은 분명하다.

요컨대 허왕후가 이 지역에서는 아들을 점지해주는 다산 모신의 기능을 담당했다. 이는 조선 말 18세기 이후부터 전국적으로 작은 사찰이 우후죽순 격으로 늘어나면서 치열한 경쟁이 발생했을 때, 이곳의 기복신앙을 담당했던 바다 관련 무속신앙이 불교 사찰 안으로 편입된 전통을 따른 것이다. 해은사 또한 그러한 전통 안에서 사찰 기원설화를 필요로 했을 것이고, 그 맥락에서 바다 관련 허왕후 설화를 차용했을 것으로 보인다. 이러한 현상은 지역적으로 볼 때 바다라는 중요한 요소를 갖추고 있고 시기적으로 볼 때 허왕후 설화가 용원 앞바다에 있는 유주석과 망산도 설화로 확대재생산되던 20세기 이후 김해 지역에서 만들어진 것으로 보인다.

불교와 민간신앙의 습합

허왕후 설화는 조선의 양란 이후 작은 불교 사찰들이 주도적으로 만들어냈으나 이후로는 무속신앙과 매우 잘 섞이면서 점차 규모가 커졌다. 이는 불교 특유의 성격 때문이다. 불교는 특유의 탈脫정체성과 비非근본의 전통으로 인해 인도 안에서도, 인도 밖에 나가서도 각지의 민간신앙과 매우 활발한 습합이 이루어졌다.

불교에서 신神은 불교가 시작될 때부터 존재했다. 붓다가 신을 부정했다는 것은, 그가 추구한 궁극을 신을 통해 이루어낼 수 없다는 뜻이지 신의 존재 자체를 부인한 것은 아니었다. 붓다는 신이라는 존재를 통해 할 수 있는 것은 좋은 세상에 다시 태어나는 윤회뿐이므로 그것을 통해서는 궁극인 해탈을 추구할 수 없다, 그러니 신으로부터 벗어나야 한다고 가르쳤다. 그러나 붓다를 따르는 불교도들은 그 말을 전적으로 따르지는 않았다. 그들은 붓다의 가르침에 호의적인 태도를 취했지만, 궁극을 추구하기 위한 전제 조건인 사회를 버리고 밖으로 나가는 것은 행하지 못했다. 붓다의 궁극인 해탈을 추구할 수 없는 존재들이었던 것이다. 그들이 바라는 건 결국 좋은 세상에 다시 태어나는 것이었고, 그것은 신을 통해 이루어지는 것이었다.

불교의 신은 불교에 호의적이지만 출가하지 못한 재가 신자를 사회 안에서 감싸고 있는 힌두교의 여러 신을 차용했다. 대승불교로 성장하면서 불교의 신단에는 이미 힌두교의 신들로 가득 차 있었고, 그 신들을 중심으로 하는 온갖 의례와 숭배 행위들이 만연했다.

이러한 전통 속에서 7세기경 이후 불교에서는 밀교Tantricism가 재가 신자들의 주요 신앙으로 떠올랐다. 밀교는 주술과 의례를 통해 기복을 비는 물질 추구의 종교다. 이후 방호주防護呪(paritta), 진언眞言(mantra), 총지摠持(dharani) 등 힌두교에서 널리 행해지던 주술 의례의 여러 요소들이 불교에서 결코 빠질 수 없는 핵심 요소로 자리 잡았다.

이 같은 과정을 통해 불교는 그 어떤 다양한 요소들과도 충돌하지 않고 습합하면서 세력을 키워가는 전통을 만들었다.

기존 종교와 쉽게 습합하는 불교의 전통은 한국에서도 마찬가지로 그 성격이 제대로 발휘되었다. 무속신앙은 불교보다 훨씬 더 깊은 뿌리를 내리고 있었다. 불교는 민간 사회에 널리 퍼질 때 이러한 무속신앙을 배척할 수 없었다. 하지만 그럴 필요도 없었다. 무속의 요소들이 자연스럽게 불교의 옷을 입은 것이다. 그 결과 겉으로는 불교로 보이지만 실제 종교 기능은 무속신앙인 경우가 많았다. 경남 지역에서 허왕후 설화는 불교와 더불어 그 힘을 확장했는데, 겉으로 볼 때는 불교의 옷을 입었지만 실제로는 무속의 기능을 행했다.

대승불교 자체가 습합의 전통을 애초부터 강하게 가지고 있었기 때문에 허왕후를 통한 불교의 변모는 무속의 불교화라고 할 수도 있고 불교의 무속화라고 할 수도 있다. 불교의 무속화가 되었든, 무속의 불교화가 되었든 이 지역에서의 '허왕후'는 18세기 이후 무병, 장수, 기자, 구복 등을 관장하는 무巫의 역할을 하기도 했다. 대표적인 것이 김해 분산성 해은사의 경우다.

불교, 재가 신자들의 구복과 치병에 힘쓰다

불교 설화가 토착신앙과 적극적으로 융합하면서 확대되고 문화 변이로 발전하는 것은 불교가 가지고 있는 사원 중심의 경제 구조와 깊은 관련이 있다. 불교 사원은 고대 인도 초기부터 독자적 경제 구조를 갖추기 시작했다. 그 토대는 재가 신자들의 기부 행위였다. 불교의 재가 신자는 더 이상 탈脫사회를 통해 해탈을 추구하는 초기 불교의 신자가 아니었다. 사회 내에서 구복과 치병을 바라고 나아가 공덕 축적을 통해 자신의 업을 개선하여 윤회의 세계에서 지금보다 더 나은 상태로 환생하는 것을 희망하는 자였다.

구복과 공덕 축적은 철저히 승가를 중심으로 이루어져야 했다. 따라서 재가 신자들에게 제일의 종교 행위는 사찰에의 기부였다. 구복과 치병에서 보다 많은 영험과 이적의 능력을 갖춘 사찰일수록 유리했다. 이로 인해 사원들은 좀 더 많은 재가 신자라는 고객을 확보하기 위해 앞 다투어 영통력을 선보이려 노력했다. 사찰이 연기 설화를 창조한 후 가능한 한 신비롭고 오래된 요소와 결부시킨 것은 바로 이러한 이유에서다.

구복과 치병을 위해 사찰은 재가 신자들이 오랫동안 지녀온 토착신앙을 적극적으로 포용할 수밖에 없었다. 이 과정에서 사찰은 불교의 본산인 인도와 관계를 만들어내려 별의별 수단을 다 사용했다. 그러한 부회 가운데 가장 널리 쓴 방법은 붓다의 진신사리나 아육왕탑과 관련짓는 것이었다. 진신사리나 아육왕탑은 모두 엄청나게 많은 수로 나뉘어 곳곳으로 퍼져갔다는 모티프를 고대 인도에서부터 이미 갖고 있기 때문에 다른 나라에서도 그런 이야기가 쉽게 만들어질 수 있었다. 따라서 진신사리를 가지고 있다는 스리랑카나 태국, 중국 그리고 한국의 수많은 사찰의 주장은 설화로서의 가치만 있을 뿐 사실 자체로는 받아들이기 어렵다.

통도사와 영축산

불교계에서 인도와 관련을 지음으로써 사찰의 고색창연함과 적통성을 높이려는 방식 중 하나는 사찰이 소재하는 곳이 인도의 붓다와 관련이 있는 곳과 유사한 모양을 띤다고 주장하는 것이다. 좋은 예가 통도사와 영축산이다.

영축산(혹은 영취산)은 신령스러운 독수리 산이라는 뜻이다. 인도 비하르 주에 있는 라즈기르Rajgir(붓다 시기 마가다국의 수도인 라자그리하Rajagriha)에 있는 독수리봉, 그리드라꾸따Gridhrakuta를 닮아서 이름을 그렇게 지었다고 전한다. 영축산 밑에 있는 절 이름 통도사도 인도와의 연관성을 강조한다. 《삼국유사》에는 승 자장이 붓다의 진신사리를 가져와 통도사를 지었다는 전승이 담겨 있다. 통도사는 이 전승을 토대로 붓다와의 직접적 관계를 주장한다. 진신사리의 전승이 위력을 발휘했기 때문에 통도사 이름이나 통도사가 위치한 뒷산도 붓다 혹은 인도와 연관이 있다는 신화가 만들어진 것은 자연스러운 결과다.

이는 통도通度라는 어휘가 가진 여러 의미 중 하나가 '인도와 통한다'인 사실과 관련이 있는 것 같다. 현재 통도사 측이 설명한 바에 의하면 '통도사'의 어의는 위승자통이도지爲僧者通而度之(승려가 되려는 사람은 모두 붓다의 진신사리를 모신 금강계단에서 계를 받아야 한다), 차산지형통어인도령취산형此山之形通於印度靈鷲山形(이 절이 위치한 산의 모습이 붓다가 설법하던 인도 영축산의 모습과 통한다), 통제만법도제중생通諸萬法度濟衆生(만법을 통달해 중생을 제도하라)의 세 가지가 있다.

이 가운데 민간전승과 관련된 것은 두 번째, 즉 통도사가 자리한 산의 모양이 붓다가 여러 가르침을 설파한 인도 비하르Bihar 주 라즈기리의 독수리봉과 닮아 그렇게 지었다는 이야기다. 그런데 그 연관이 매우 억지스럽다. 원래 인도 라즈기리의 독수리봉은 그곳에 시신을 장례하는 숲이 있어 독수리가 그 봉우리에 많이 살고 있기 때문에 붙여진 이름이다. 반면 통도사의 뒷산은 독수리가 날아가는 모습이다. 라즈기리의 독수리봉이 통도사의 뒷산과 전혀 닮은 바가 없는데도 통도사 뒷산이 인도 라즈기리의 산과 흡사하다는 이야기를 만들어낸 것은 사찰측의 모방주술 노림수로 보인다. 이 모방주술은 승 자장이 붓다의 진신사리를 중국에서 가져왔다는 《삼국유사》의 이야기를 토대로 만들어진 것이다.

차가 인도에서 전래되었다?

불교 사찰 설화가 인도와 연계를 맺는 방식은 18세기경부터 적극적으로 활용되었다. 허왕후 설화는 이러한 분위기에서 더 적극적으로 창조되고 확대되었다. 장유화상이라는 존재는 인도와의 연계를 만들어내는 데 좋은 수단으로 작동했다. 이를 보여주는 좋은 예가 차[茶]가 인도에서 전래되었다는 주장이다.

이 주장은 이능화의 《조선불교통사》에서 나온다. 이능화는 김해 백월산에 죽로차竹露茶가 있는데 세상 사람들이 그것을 수로왕비인 허씨가 인도에서 가져온 차의 씨라 말해왔다고 언급한다. 백월산이 명월산과 가깝고 주변에 차와 관련된 설화들이 많이 존재하는 것을 보면 장유화상을 만들어낸 명월사에서 날조한 이야기를 이능화가 무비판적으로 전한 것으로 보인다. 이후 한 발 더 나아가 허왕후가 가락국으로 올 때 가지고 온 여러 진귀한 물건 안에 차가 있었다는 이야기까지 만들어지면서 차의 인도 기원설은 더욱 구체적인 형태로 널리 퍼진다.

하지만 인도에서 차는 18세기 이후 영국 동인도회사가 중국에서 들여와 플랜테이션 작물로 재배되기 시작했다는 것이 역사적 사실이다. 그런 비판이 일자 이번에는 허왕후가 중국으로 건너갔다가 가락국으로 올 때 가지고 들어왔다는 식으로 말하는 사람도 등장한다. 사찰에서 만들어진 이야기가 김병모의 사이비 역사학을 만나면서 빚어진 현상이다. 문화평론가라는 박정진은 2012년 3월 12일자 《세계일보》에 아래와 같은 글을 쓰기까지 한다.

> 차는 중국 쓰촨 · 윈난 지역에서 인도를 비롯하여 세계적으로 전파되었고, 인도의 경우 대영제국 식민지 시절 일종의 재식 농업(플랜테이션)의 형태로 차나무를 많이 재배하기 시작했다. 고대에 인도 아유타국阿踰陀國의 공주 허황옥許黃玉이 결혼예물 가운데 차나무 씨앗을 가져왔다고 하는 것은 신빙성이 없었지만 학자들은 그러려니 했다. 가야의 차와 그 기원은 허황옥을 중심으로 전해져 왔다. 허황옥은 인도 아유타국의 공주라고 했기에 아마도 인도에서 직접 해로海路로 들어왔을 것으로 짐작되었는데, 인도에서 중국 대륙, 쓰촨 지역을 거쳐 들어온 것으로 판명됨에 따라 가야 차의 실존은 보다 설득력을 갖게 되었다. 중국 쓰촨·윈난 지역은 바로 세계적인 차의 산지이며, 일찍이 그 지역에서는 결혼예물로 차 씨를 넣는 것이 관례였

기 때문이다.

문화평론가라는 직함을 가진 이가 근거 없는 이야기를 이런 식으로 언급하는 것은 사이비 역사학보다 더 큰 충격을 준다. 차가 인도에서 전래되었다는 설은 상황에 따라 그때그때 변해왔다. 어떤 때는 인도에서 허왕후에 의해 들어왔다고 했다가, 어떤 때는 김병모의 이론에 따라 인도에서 육로로 버마 지역을 지나 사천 성 지역으로 들어와 그 지역에서 차를 가지고 들어왔다가 했다가, 어떤 때는 인도에서 차마고도를 따라 차를 중국으로 가져갔다는 주장까지 한다.

김병모는 한 언론과의 인터뷰에서 이렇게 말한다. '허황옥이 인도 아유타를 출발해 옛 보주인 중국 사천 성 안악 현을 거쳐 가야로 들어올 때 차와 소금을 실어 나른 차마고도를 이용했을 가능성이 있는데 오빠인 보옥선사가 불교와 함께 차 문화를 가야에 널리 전파했을 것으로 본다.'[46] 차마고도는 김병모가 주장하는 아요디야에서 버마를 거쳐 사천 성으로 가는 방향이 아니라 아요디야에서 반대 방향인 티베트 고원 쪽으로 가는 길이다. 김병모는 《허황옥 루트》에서는 전란을 피해 버마 쪽으로 이동했다고 했다가 이 인터뷰에서는 간다라-티베트 쪽으로 이동했다고 말한다. 하지만 그곳은 꾸샨 제국의 중심지다. 그렇다면 허왕후가 전란을 피해 꾸샨 제국의 중심지로 들어갔다는 말인가?

허왕후 일족이 이미 중국의 사천 성 지역으로 이주해 몇 대를 살다가 허왕후가 48년에 가락국으로 이주했다는[47] 주장은 또 무엇인가? 허왕후가 가락국에 도착할 때가 열여섯 살인데, 아요디야에서 사천

성으로 출발할 때 차마고도를 통해 차와 소금을 날랐다면 그 혹은 그의 오빠 보옥선사(즉 장유화상)은 도대체 몇 살 때 그 짐을 날랐다는 말인가? 이미 사천 성에서 허씨족이 몇 대를 살았다는 주장은 어떤 근거에서 제기된 것인가? 아무 근거도 논리도 없는 상황에서 후대에 누군가에 의해 이런 주장이 나올지도 모를 일이다.

우리나라에 차가 들어온 것은 중국을 통해서라고 알려져 있지만 그것은 중국 중심의 역사관에 얽매어 있기 때문이다. 차는 허왕후가 인도에서 올 때 그의 오빠 장유화상과 함께 들어왔다. 다만, 너무 오래전 일이라 그 경로가 분명치는 않아서 갠지스 강 유역에서 버마를 넘어 중국 사천으로 갔다가 그곳에서 우리나라로 들어왔는지, 간다라 지역과 차마고도를 지나 티베트 고원을 거쳐 중국 땅으로 들어왔는지는 정확하게는 알 수 없다. 물론 허왕후가 배를 타고 바다로 들어올 때 가지고 올 가능성도 얼마든지 열려져 있다. 추후 더 세심한 연구가 필요하다.

결국 상당수 작가들은 이렇게 말할지도 모른다. 그 후 이 글을 보는 국민들은 대부분 고개를 끄덕일 것이고, 일부는 자부심마저 가질 것이다.

그러나 근거가 없는 주장은 함부로 해서는 안 된다. 자기 스스로조차도 갈피를 못 잡는 이야기를 아무렇게나 제기해서는 안 된다. 언론 또한 이 같은 허황된 주장을 아무 여과 없이 받아들여서는 안 된다.

9 국가주의와의 연계

이 주장은 허왕후의 공주가 일본에 가서 여왕국을 세웠다는 설화로 연결된다. 가락불교장유종駕洛佛敎長遊宗에서 찾을 수 있다. 장유화상이 수로왕의 국사였다는 주장이다. 허왕후 신화는 국가주의와 밀접한 연계를 맺게 된다. 가장 좋은 예를 1995년 김해에서 만들어진 허왕후 신화는 구복신앙의 차원을 넘어 진호鎭護 불교에서도 중요한 역할을 담당하게 된다. 이에 따라

허왕후 신화, 진호 불교에서 중요한 역할 담당

허왕후 신화는 구복신앙의 차원을 넘어 진호鎭護 불교에서도 중요한 역할을 담당하게 된다. 이에 따라 허왕후 신화는 국가주의와 밀접한 연계를 맺게 된다. 가장 좋은 예를 1995년 김해에서 만들어진 가락불교장유종駕洛佛教長遊宗에서 찾을 수 있다.

〈가락불교장유종불조사창건비駕洛佛教長遊宗佛祖寺創建碑〉에 의하면, "왕은 왕비의 오라버니인 보옥조사寶玉祖師를 국사로 봉했다. 보옥조사 일명 장유화상은 성의 서쪽 불모산佛母山에 가람을 짓고 수도하면서 국정의 자문에 응하셨다. 수로왕과 왕비 사이에서 열 왕자와 두 공주가 태어나서 …… 제 3왕자는 매姉씨 공주를 따라 왜국으로 건너가서 여왕국女王國을 세웠다." 장유화상이 수로왕의 국사였다는 주장이다. 그러나 아무 근거가 없다.

이 주장은 허왕후의 공주가 일본에 가서 여왕국을 세웠다는 설화로 연결된다. 황당하기까지 한 이 설화는 불교가 국가주의에 편향되어 있음을 여실히 보여준다. 불교의 국가주의 편입은 한국 사회에서 불교가 교세 확장을 위해 국가주의의 가호를 입은 1970년대 박정희 유신시대의 산물이다. 멀리 보면 통일신라 시기의 불국토 관념 이래로 오랜 시간 지속된 불교와 국가의 밀접한 관계 형성 전통에 충실한 것이라 할 수 있다.

사실 이렇게 허왕후 설화가 국가주의와 밀접한 관계를 맺게 된 것은 일연의 허왕후 설화 이해 방향과도 일치한다. 일연은 파사석탑을 찬하는 자리에서 주석을 통해 파사석탑의 허왕후에 대한 비호가 천년 동안 지속되어온 왜倭의 노략을 막는 것과 본질적으로 통한다고 했다.[48] 허왕후 설화가 불교의 진호국가의 전통을 충실히 이어받아 공유하고 있다는 점을 잘 보여주는 예다.

불교의 진호국가 전통

불교의 진호국가 전통은 인도에서부터 시작하여 한국으로 들어와 삼국과 고려를 거치면서 꾸준히 이어진 불교 특유의 주요 전통이다. 불교는 처음 출발할 당시부터 국가/정부에 호의적이었다. 사회에 가치가 없다면서 그것을 버리고 사회 밖으로 나가 궁극을 추구했으나 그렇다고 국가에 반기를 든 것은 아니었다. 붓다는 왕과 인민 사이에서 인민을 대변한 적도, 인민을 위해 정치적 혁명이나 개혁을 부르짖은 적도 없었다. 사회에서 빚을 지거나 죄를 저지르고 도망가 상가sangha[僧伽]로 도피한 사람들의 입문을 허용하지 말아달라는 빔비사라Bimbisara 왕의 청을 들어준 사실에서 알 수 있듯 붓다는 왕이 안정적으로 정치를 잘 하기를 바랐을 뿐이었다.

붓다 이후 불교가 대승불교로 변화하면서 깨달음이나 구원과 같은 영적 신앙으로서의 측면이 아닌 물질 구복의 측면이 더욱 중시되었다. 이에 따라 벽사僻邪 신앙이 불교에서 매우 중요한 위치를 차지하게 된다. 신라와 고려 때부터 널리 행한 팔관회는 이를 잘 보여주는 예다.

인도 초기 불교 우뽀사타Uposatha의 경우 '백좌百座'(즉 공동체의 단합), '강회講會', '재齋'의 세 특성을 가진 벽사 의례가 거행되었다. 이는 중국에 그대로 이어졌다. 중국에서는 개인 차원에서 죽은 자의 혼령 위무, 전염병 예방, 기우祈雨 등을 주요 목적으로 벽사 행사를 개최했다. 한국의 경우 이러한 개인 차원의 벽사 의례가 삼국의 통일전쟁과 고려시대의 잦은 외침이라는 특수한 정치적 환경에서 국가와 접목되면서 국가 차원의 벽사 의례라는 또 다른 형태로 발전한다. 신라와 고려에서는 전사한 사졸士卒의 명복을 위해, 외적의 침입을 막고자, 왕실의 행복과 왕의 장수를 위해, 국가의 복을 기원하는 차원에서 조상 혹은 천지신명에 대한 제사로서 팔관회를 열었다. 따라서 팔관회는 초기 불교 당시 인도 사회에서 형성된 '백좌', '강회', '재齋'라는 세 특성 중 왕실의 수호와 사회의 안정적 유지 차원에서 절실히 필요한 '백좌'와 '강회'는 강화되고 그러한 시대적 과제와 직접적 관계가 없는 '재'의 기능은 약화되었다.

이는 팔관회가 영적인 문제와 관련된 것이라기보다는 구복이나 치병과 관련된 물질적인 문제를 추구하는 것이라는 사실, 그리고 종교혼합주의syncretism에 충실한 불교 전통의 전형적인 모습이라는 사실을 알려준다. 팔관회는 일종의 벽사 의례로서 왕실이 직접 후원하고 왕이 참여하는 국가적 집단 행사였다. 전쟁과 통일, 잦은 외침이라는 특수한 정치적 환경 속에서 국가가 의례를 통해 왕권의 사회적 통합을 이루고 그를 통한 왕권 강화와 정치 안정을 꾀하고자 했기 때문에 중요한 위치를 차지했다.

불교의 집단 의례는 고대 인도와 스리랑카에서부터 국가/왕조의 정치·경제 구조 속에서 큰 역할을 했다. 특히 스리랑카는 국가 주도하에 집단적으로 벽사 의례를 후원했다. 남부 인도의 끊임없는 침입을 받는 상황에서 불교 의례에 의존하여 외침을 극복하고자 했기 때문이다. 이에 따라 스리랑카에서는 고대 인도와는 달리 국가의식 혹은 민족의식이 일찍이 발전했다. 스리랑카는 불교를 통해 권력의 정당화를 꾀했으며, 이 과정에서 불교 세계관에 기반을 둔 역사 인식이 발전했다. 이러한 스리랑카의 상황과 한국 고대의 상황은 매우 유사한 점이 많다.

불교의 집단 의례와 국가/왕조와의 상호 호혜 관계, 빈번한 외침과 불교에 대한 의지, 민족의식의 발전, 불교사관의 발전과 그에 기초한 사서의 편찬, 불교에 기반을 둔 신화의 확장 등은 고대사 연구에 중요한 단서를 제공해줄 수 있을 것이다. 스리랑카나 고려 모두 구복과 벽사, 나아가 구제에 이르기까지 불교 의례가 담당할 수 있는 모든 종류의 벽사 기능이 다양하게 나타났다. 신라부터 고려에 걸치는 동안 왕실은 집단으로 행하는 벽사 의례를 재정적으로 크게 후원했다. 고려의 경우 태조 이후 모든 왕들이 다양한 불교 의례에 직접 참가했다. 정부의 1년 총예산 중 적어도 8.6퍼센트가 의례 개최 비용으로 쓰이기도 했다.[49]

'호국' 의례가 아니라 '벽사' 의례였다

고려의 의례는 명칭과 세부 목적은 다르지만 국가를 사邪로부터 구하고 복福을 추구한다는 역사적 역할에서 보면 모두 동일한 벽사 의례였다. 이러한 의례를 '호국護國'이라는 좁은 개념 안에서 규정짓는 것은 옳지 않다. 삼국·고려시대 의례에서 호국의 개념이 뚜렷이 나타나는 경우가 있는 것은 사실이지만 여러 가지 다양한 벽사의 기능을 '호국' 하나로 개념화하거나 '호국'과 '벽사'를 별개로 이해하는 것은 온당치 못하다.

'호국'을 강조하여 한국 불교를 '호국 불교'로 규정하는 것은 국가, 즉 일본 제국에 대한 충성을 정당화하고자 했던 일본 제국주의 학자들의 견해일 뿐이다.[50] 원칙적으로 불교는 탈사회적 성격이 강해 국가 인식을 갖는다는 것이 모순적일 수밖에 없다. 불교는 오랫동안 주변의 다양한 종교 전통과 혼합하면서 매우 이질적이고 복합적인 종교로 발달했다. 따라서 불교를 '국가 불교'와 같은 특정 관형어로 수식하는 개념은 논리적으로 성립될 수 없다.

하지만 한국에서는 통일신라 시대 이후, 특히 박정희 시대 이후부터는 노골적으로 불교가 국가 행사에 거교적 차원에서 동원되었다. 최근의 예로 불교대회가 있다. 2002년 부산 아시안게임의 성공적 개최를 위한 팔관회가 2001년 9월 23일 부산시 후원으로 부산에서 개최되었고, 2015년 서울 광화문광장에서 '부처님 오신 날'(5월 25일)을 맞아 '간화선 무차대회'가 개최되었다. 이 대회는 물질 구복과 관계없는 영적 신앙 대회를 표방하지만, 실제로는 국가의 복을 구하는 의례로 진행되었다. 이름부터 '광복 70년, 한반도 통일과 세계평화를 위한 기원대회'였다. 한국전쟁 희생자들을 위한 수륙무차대재가 거행된 것도 바로 이러한 불교의 벽사·진호국가 전통 때문이었다.

일연으로부터 약 900년 후 허왕후–장유화상에 의해 시작된 가락불교는 김용채 가락불교장유종단 이사장의 〈창건비건립사〉를 통해 구국, 애국, 조국 통일의 사역을 담당하는 국가주의의 첨병으로 자리 잡았다. 그리고 그 안에서 허왕후 설화는 장유화상이라는 가공의 남성이 주인공이 된 전설로 탈바꿈했다. '장유화상'은 불과 얼마 되지 않은 최근에 김해 인근의 명월사에서 만든 전설의 인물이다. 그런 그가 어느덧 '가락불교장유종단'이라는 교파의 창시자가 된 것이다. 이 어휘 안에는 가락불교라는 것이 역사적으로 존재하고 그것이 허왕후 시대에 이미 전래되었다는 주장이 내포되어 있다.

허왕후의 딸이 일본국을 세웠다?

이와 관련해서 흥미로운 사실이 하나 있다. 허왕후가 열 왕자를 낳았고 그 가운데 두셋은 허씨가 되고 일곱은 신선이 되어 올라가거나 성불하여 속세를 떠나 깊은 산으로 들어갔다는 전설이 17세기경에 만들어졌다는 사실은 앞에서 설명한 바 있다. 그런데 그 후 느닷없이 한(혹은 두) 딸이 등장하게 되고 그 가운데 한 공주는 일본으로 건너가 일본국을 세웠다는 전설이 만들어진다는 점이다.

이종기는 《가야공주 일본에 가다》에서 《편년가락국기編年駕洛國記》에 다음과 같은 내용이 전해진다고 언급했다.

> 왕후는 열 아들과 두 딸을 낳았으니 일곱 아들은 모두 처자를 떠나 칠불암에서 불도를 닦고, 한 아들은 거칠군이 되었으며 한 딸은 석탈해 태자의 비가 되었더라[后誕十子二女七子離妻子皆化佛並于七佛庵一子曰居漆君一女昔太子].

그러나 1914년 김운배金雲培가 펴낸 갑인보甲寅譜 《편년가락국기》에는 다음과 같이 나온다.

> 왕후가 10남 1녀를 낳았는데 일곱 아들은 모두 처자를 떠나 부처가 되어 다 같이 칠불암에서 제사를 모시고, 아들 하나는 거칠군이라고 부르고 딸은 석탈해 태자의 비가 되었더라.

이 원문은 이종기의 인용문과 두 군데에서 다르다. 하나는 갑인보의 '일녀'가 이종기의 인용문에서 '이녀'로 바뀌었다는 것이고, 또 하나는 갑인보의 '향享'자를 빼 원문의 '제사를 모신다'의 내용이 빠졌다는 것이다. 왜 제사지낸다는 내용을 뺐는지에 대해서는 추정할 수 없는데다가 지금의 논지와는 별 관계가 없을 듯하여 여기서는 더 이상 다루지 않겠다. 허왕후의 딸이 둘로 나타난 것은 1924년 김용식金容植과 김영호金榮灝가 펴낸 갑자보, 즉 《가락국선원보駕洛國璿源譜》가 처음이다. 그런데 허왕후가 딸을 둘 낳았다는 문장은 위의 인용문과는 전혀 다르다. 원문은 다음과 같다.

> 신라 유리왕 24년 무신년 가을 7월 병신일 허씨를 맞이하여 왕후로 세우고 10남 2녀를 낳았는데, 두 명의 남자는 모후의 성인 허씨를 따랐다.

이종기는 자신의 책에서 《편년가락국기》의 문장을 인용한다고 했지만, 그 내용은 《편년가락국기》와 교묘하게 다르다. 문장은 《편년가락국기》 갑인보를 취했으나 내용은 그보다 10년 뒤에 편찬된 갑자보 《가락국선원보》를 취해 본인이 날조한 것이다. 갑인보의 일녀를 갑자보 내용의 이녀로 바꿨는데, 그 문장의 후반부에는 딸 하나만 석탈해 태자에게 시집갔다고 원문과 동일하게 말해놓았으니, 독자들은 당연히 또 다른 나머지 딸 하나는 어떻게 되었을까 하는 의문을 갖게 될 수밖에 없다. 갑인보 원문에 딸이 둘이 있었으면 또 하나의 딸이 어떻게 되었는지 당연히 언급되었을 텐데 원문에 딸이 하나로 되어 있으니 당연히 문장에 딸 하나만 석태자의 비가 된 것으로 나올 수밖에 없는 것이고, 다음 딸에 대해서는 원문에 없으니 당연히 비워둘 수밖에 없었던 것이다. 그는 이처럼 딸 '하나'를 '둘'로 날조한다. 그러고는 소설과 같은 추리 끝에 그 사라진 딸이 일본국을 세운 비미호 여왕이라고 주장한다. 그는 비미호 여왕이 된 공주가 자신의 오빠 거등왕이 즉

위하던 해에 다시 가락국으로 건너가서 동생 선견왕자를 데리고 구름 처럼 바람을 타는 범선에 실려 왜국으로 돌아왔다고 말한다.[51]

허왕후 딸의 일본국 건국 전설이 확장되다

후대에 만들어진 특정 성씨의 족보에서 창작된 전설을 가지고 고대사를 추정하는 방식에 대해 특별히 비판할 필요성을 느끼지 못한다. 어차피 이종기는 아동문학가이고 《가야공주 일본에 가다》는 학문적 연구물이 아니기 때문이다. 하지만 이 전설은 이후 다른 비非전문가들에 의해 원용되고 더 적극적으로 날조되면서 사회적으로도 큰 영향을 끼친다.

1994년 김해에서 창건된 가락불교 장유종의 불조사는 바로 이 전설을 토대로 만들어졌다. 한 아동문학가가 허왕후의 공주가 일본으로 건너가 여왕국을 세우고 그의 남동생을 데리고 가 왕권 확립의 기틀을 다졌다고 상상했다면, 고준환이라는 분은 한 술 더 떠 허왕후의 일곱 왕자가 가야산에서 수도하여 신선이 되고 성불한 것이 아니라 일본 구주로 건너가 자리를 잡았다는 유력한 학설이 있다면서 소개까지 한다.[52]

주석을 달지도 않고 구체적인 학설 내용도 언급하지 않아 누가 언제 어떻게 그런 주장을 했는지 모르겠다. 어찌됐든 그는 공주 한 사람이 일본으로 건너갔다가 다시 와서 남동생을 일본으로 데리고 갔다는 이종기의 주장을 더욱 분식하여 왕자 일곱 모두를 일본국을 세운 영웅으로 둔갑시켰다. 허왕후 설화가 민족/국가주의 첨병으로 한국인의 역사 콤플렉스를 건드리면서 일본국을 세운 역사로 뒤바뀐 것이다.

처음 시작은 소설가의 창작이었다. 여기에 민족 콤플렉스를 가진 일부 민족주의자들이 달려들어 왜곡·조작하고 검증되지 않은 책과 신문 등을 통해 한국 사회에 널리 퍼뜨린 것이다. 사태가 이렇게 되면 위험해질 수 있다. 사이비 역사학 문제가 생기기 때문이다.

10 사이비 역사학과 우파 민족주의

몇 년 후인 기원 초에 태국의 아윳티야에 식민지를 건설하고 그 후 48년 음력 5월에 김해에 왔다고 주장했다. 되었다. 이종기는 《가락국탐사》를 통해 허왕후가 실제로 북인도의 아요디야에서 서기 20년경에 출발해 그러던 것이 이종기라는 한 아동문학가가 쓴 탐사문 형식의 소설 《가락국탐사》에 의해 세상에 널리 알려지게 허왕후 전설은 1970년대 이전에는 아무도 크게 주목하지 않는, 《삼국유사》에 등장한 전설에 불과했다.

사이비 역사학과 허왕후 신화의 왜곡·확대

이종기의 책 《가락국탐사》는 출간된 1977년에는 그리 큰 반향을 일으키지 않았다. 그런데 느닷없이 거기에 사이비 역사학이 붙고, 언론이 붙으면서 널리 알려지게 되었다.

여기에서 잠깐 '사이비' 역사학에 대해 몇 마디 하고 가겠다. 기경량은 《역사비평》 2016년 봄호 기획 논단 〈사이비 역사학과 역사 파시즘〉에서 다양한 해석 가능성이 존재하는 역사 연구에서 '사이비'라는 딱지를 붙이는 것은 난폭하게 느껴지는 측면이 있긴 하지만 그들이 이미 학문의 범주를 벗어난다고 판단하기 때문에 그 용어를 쓸 수밖에 없다고 했다. 예전의 재야 사학자를 벗어나 역사학 혹은 인근 학문을 전공하는 사이비들이 상당수 있다. 이 책의 주제인 '허왕후'의 경우가 특히 그렇다.

이종기 같은 경우 그의 말마따나 '어린이에게 꿈과 희망을 주기 위해' 이런 작업을 했다 하니 역사학 방법론을 제대로 익히지 않은 소설가의 치기 어린 창작이라 할 수 있을 것이다. 허명철 같은 이도 외과 의사로서 제대로 된 연구서를 내놓은 적이 없으니 또 그럴 수 있다고 칠 수 있을 것이다. 몇몇 불교 사찰과 양천허씨와 김해김씨 가문에서 역사를 신화로 변색시키긴 했지만 그것도 역사와 신화 사이에서 흔히 있을 수 있는 일이라 여길 수 있다. 그런데 김병모라는 고고학 전공 대학교수의 역할은 그냥 지나치기 어렵다. 무엇보다도 고고학이라는 전문 학문을 전공한 학자인데다, 허왕후 신화가 '국민 신화'로 왜곡되어 확대되는 데 큰 역할을 했기 때문이다.

김병모는 아동문학가 이종기와 전문성이라고는 전혀 없는 의사 허명철의 아무 근거 없는 주장을 받아들인 후 그것들을 적절하게 가공·윤색하여 논문을 발표하고 언론에 널리 퍼뜨리면서[53] 이 비역사적 전설을 실체 있는 역사로 만들어버리는 데 결정적인 역할을 했다. 김병모의 학문적 연구와는 거리가 먼 결과물을, 다시 말해 대중적이면서 민족주의에 채색된 영웅 신화를 주로 환영한 것은 《조선일보》를 비롯한 숱한 언론들이었다. 그의 언론 활용이 20년 넘게 진행되는 동안 가야사 전공 학자들은 이종기와 김병모의 주장을 역사적 근거가 부족한 이야기로 보고 무시하거나 별로 관심을 갖지 않았다. 그 사이 김병모는 이종기가 작고한 1995년 이후 이종기의 주장을 도용하거나 윤색하여 언론에 알렸고, 그것은 대단한 학문적 성과로 둔갑하여 일약 '국민 신화'로 자리 잡았다.

어떻게 이런 일이 가능했는가? 이 분야는 인도사와 한국사를 제대로 연구해야 하는데다가 한국사에서도 기원 초기 고대부터 적어도 18세기까지는 상당 부분 섭렵해야 한다. 실적 위주와 자기 전공 외 분야의 연구를 탐탁지 않게 여기는 한국의 학문 풍토에서 이 모든 조건을 충족시키면서 연구를 한다는 것은 어려운 일이다. 그 와중에 일부 언론은 1990년대 이후 대중들에게 크게 어필한 《환단고기》류의 민족주의 사이비 역사학에 장단을 맞추었다. 이러한 상황에서 김병모의 주장은 언론에서 크게 다뤄주면서 유명해졌다. 고고학 전공 학자라는 그의 신분은 그가 과학적이고 실증적인 작업을 했을 것이라고 판단하게 만들었고, 이는 더욱 큰 힘을 발휘하게 만든 토대가 된 것으로 보인다.

김병모의 주장 검토 전에 허명철의 주장을 먼저 살펴볼 필요가 있는 것은 이런 이유에서다. 허명철은 대부분 이종기의 주장을 도용했지만, 한 가지 다른 점이 눈에 띈다. 허명철은 허왕후의 원 조상은 허許씨 성을 가진 춘추전국시대 허국의 왕족이며 이들이 대월지국大月氏國에 병합된 월지국月氏國인이 되었다가 인도 북부까지 이동하여 정착하고 다시 꾸샨 왕조의 귀족으로 아유타국 신왕조를 수립한 허국인의 후예라고 했다.[54] 아무 근거 없는 순수한 가설이다. 그런데 김병모는 이와 유사하게 신어神魚를 숭배하는 민족의 일파가 아시리아에서 출발해 스키타이를 거쳐 인도의 간다라와 아요디야를 지나 중국 사천 지역으로 건너가 그곳에서 다시 가락국으로 이주했다고 했다.[55]

허명철과 김병모 모두 허왕후가 역사적 인물로서 실제로 인도 아요디야에서 건너왔다고 주장한다. 이러한 주장의 뼈대는 아동문학가 이종기로부터 시작되었다. 이종기가 1995년 갑작스럽게 폐암으로 죽은 후 김병모에 의해 널리 알려지긴 했으나 거의 모든 생각의 원형은 이종기에게 있다. 따라서 지금부터는 이종기 주장의 여러 근거에 대해 하나씩 검토하기로 하자.

이종기는 허왕후가 서기 48년에 인도 아요디야에서 가락국으로 시집왔다는 주장을 뒷받침하는 근거로 김해 납릉納陵(조선 중종 때부터 수로왕릉을 부른 이름)의 정문 단청에 그려진 쌍어문과 그 주변에 있는 비석의 머리에 새겨진 문양, 현재의 이른바 허왕후릉 옆에 안치되어 있는 파사석탑, 그리고 수로왕릉 주변과 김해 주변에 있는 여러 가지 유물, 즉 명월사에 있는 이른바 사왕도라는 작은 돌에 새겨진 그림 등을 든다.

우선 쌍어문에 대해 살펴보기로 하자. 현재 쌍어문이 남아 있는 납릉 정문은 정조 17년(1793)에 외삼문外三文으로 설치됐다가 헌종 8년(1842)에 지금의 위치로 옮겨졌다. 따라서 현 납릉 정문의 단청은 원형 그대로라 하더라도 채 200년도 되지 않은 것이다. 더군다나 납릉 정문은 당시에 처음 만들어졌기 때문에 그 단청을 이전의 어떤 것을 보고 그리지도 않았다. 수로왕릉 주변은 고려 후기부터 조선 초기까지 수백 년간 아무런 건물도 없이 황폐화되어 있었다.

따라서 납릉의 단청에 그려진 쌍어문은 이전부터 있었던 것을 이어 그린 것이 아니라 조선 정조 때 처음으로 그려 넣은 것이다. 기껏 200년도 안 된 단청 그림 하나를 1800년 전의 역사적 사실에 대한 근거로 내세우는 주장은 도저히 받아들일 수 없다. 사료로 삼을 수 없는 것을 사료로 삼은 주장은 비학문적인 소설이다. 설사 쌍어문이 사료로서 자격이 있다 하더라도 그것이 허왕후가 인도에서 김해로 왔다는 사실을 뒷받침하는 사료가 될 수는 없다.

납릉의 쌍어문이 도대체 무엇인가? 정문의 단청을 자세히 보면 가운데에 탑처럼 생긴 것이 있고, 그 탑을 향하는 두 마리의 물고기가 그려져 있다. 이종기는 그 탑이 파사석탑이고 그 물고기는 인도 아요디야국의 실제 국가 문장紋章이라고 주장했다. 현재의 인도 웃따르쁘라데시 주도인 아요디야 도시 전역에는 두 마리의 물고기 그림이 많이 있고, 그 쌍어문은 아요디야 시의 공식 문장이라는 것이다. 김병모는 현 파키스탄의 어떤 지역에서 지나가는 트럭에 그려진 쌍어문을 보고 그것을 허왕후의 도래를 주장하는 근거로 삼기도 했다.

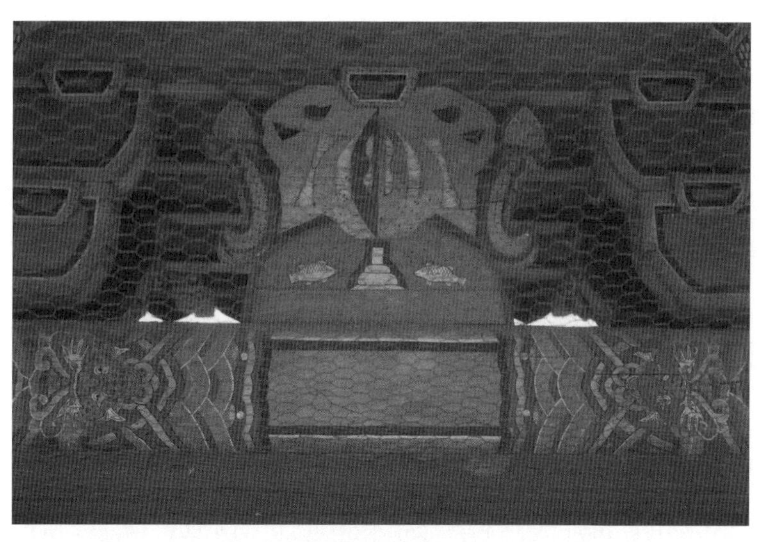

[그림 9] 납릉단청

수로왕릉이라 부르는 납릉의 정문 위에 그려진 단청이다. 단청 안에 물고기 두 마리가 탑처럼 생긴 어떤 것을 마주 보고 있는 그림이 있다. 이를 아동문학가 이종기는 허왕후가 인도에서 온 가장 중요한 근거로 삼았는데, 어불성설이다.

쌍어문이 허왕후 신화의 근거가 될 수 있는가

그러나 두 경우 모두 현재의 아요디야 지역에 쌍어문이 있다는 점이 어떻게 허왕후 신화의 역사적 근거가 될 수 있는지에 대해서는 아무런 근거를 제시하지 않는다. 현 아요디야 지역에 물고기 문장이 널리 퍼져 있다는 사실이 어떻게 2000년 전 허왕후가 그곳에서 왔다는 근거가 될 수 있는가? 물고기 두 마리가 마주 보고 있는 쌍어문은 인도 전역에 나타난다. 인도뿐만 아니라 한국, 일본, 중국, 중앙아시아, 서아시아, 이집트, 그리스, 영국, 이탈리아에서도 발견된다. 광범위한 분포 범위를 보이고 있는 고대 상징 문양이며 현재에도 민족지학적 조사를 통해 여러 곳에서 확인되는 문양이다.[56]

인도로 국한해 말하자면 문양으로서 '쌍雙'에 중요한 의미가 있지 '어漁'에 특별한 의미가 담긴 것은 아니다. 인도에서는 물고기뿐만 아니라 호랑이, 사자, 코끼리 등 여러 동물들을 서로 대칭하여 표현하는 문양이 고대에서부터 현재까지 전국 각지에 널리 퍼져 있다. 물고기 두 마리만 특별히 어떤 나라를 대표하는 문장이 아니다. 쌍으로 된 문양 자체가 힌두 개념 특유의 좌우 균형과 질서를 의미하는 것으로 힌두 미술의 주요 소재가 되어왔다. 대칭하는 문양으로는 동물뿐만 아니라 여러 꽃이나 나무 등도 있다. 전통적으로 좌우 대칭이나 정사각형 대칭을 완벽한 우주의 상징으로 여긴 힌두 관념의 표현인 것이다.

이종기가 아요디야를 방문하여 찾아냈다는 쌍어문은 18세기 이후 현 아요디야 시市 지역의 토후였던 짜끄라와르띠 마하라자 다슈라트 Chakravarti Maharaja Dashrath라는 봉건 지주의 성문 위에 새겨져 있는 것이다. 18세기의 건축물에 새겨진 문양이 고대 1세기 아요디야국의 상징이었다고 말할 수는 없다. 뿐만 아니라 고대 인도에는 아요디야 지역은 물론이고 어느 곳에서도 이종기가 주장하는 식의 국가 문장이라는 것이 없었다. 더군다나 아요디야는 1세기 당시 하나의 국가를 이루지도 않았다. 그곳은 갠지스 강 중류 유역에서 발달한 여러 도시 가운데 하나였고, 당시에는 '아요디야'라는 이름도 쓰이지 않았다. '아요디야'라는 이름은 《라마야나》 신화에서만 나왔을 뿐 역사에서는 그런 이름을 쓰는 도시가 나타나지도 않았다.

사실 고대 인도에서는 중국에서와는 달리 왕조명조차 천명하지 않았다. 우리가 아는 '마우리야'라든가 '굽따'라든가 하는 것은 국가를 세운 통치자의 성씨를 따라 부른 것이고, '마가다'나 '안드라' 혹은 '쫄

[그림 10] 아요디야 쌍어문

현재 인도의 웃따르쁘라데시 주 아요디야 시 안에 있는 어떤 옛 지주의 저택 들어가는 문 위에 새겨진 물고기 두 마리 문양. 저런 쌍어문은 인도 각지뿐만 아니라 세계 도처에서 발견된다.

라'와 같은 이름은 그 나라가 들어선 지역의 이름을 따서 부른 것일 뿐이다. 요컨대 1세기 당시 아요디야는 국가로서 존재하지도 않았고, 어떤 종류의 이미지를 지역의 문장으로 가지고 있지도 않았다. 이러한 역사적 상황을 전혀 고려하지 않은 이종기와 김병모의 주장을 근거 삼아 허왕후의 도래를 말하는 것은 재고의 여지가 없는 소설일 뿐이다.

코끼리 그림과 활 그림 관련 주장도 비약일 뿐

단청에 있는 또 하나의 그림인 코끼리 그림을 보자. 이종기는 단청 안에 코끼리가 그려져 있다고 주장한다. 하지만 자세한 설명이 없어 무엇을 코끼리라 하는지 알 수가 없다. 코끼리 두 마리의 옆모습이 대칭되어 추상적으로 나타난 것인지, 한 마리의 정면도인데 코가 없는 건지 알 수가 없다. 어느 경우라도 그 그림은 코끼리가 될 수 없다. 인도에서 코끼리는 지혜의 상징으로 불교에서나 힌두교에서나 항상 긴 코가 상징으로 나온다. 코끼리를 상징하는 이미지로서 코가 없는 코끼리라는 것은 존재할 수 없다.

이종기가 활이라고 주장하는 그림도 마찬가지다. 이종기는 활이 신화 《라마야나》의 주인공 라마의 상징이라고 하는데, 그것은 합당한 지적이다. 하지만 이 단청의 활이 라마의 활이라는 것을 어떻게 증명할 수 있는가? 라마의 활이라면 왜 다른 이야기는 모두 생략된 채 라마의 활만 덩그러니 그려져 있다는 말인가? 더군다나 고대 한국의 활 그림은 이 그림처럼 가운데가 들어간 형태가 없다. 그런 표현 양식은 양궁이 도입된 근대 시기에 생긴 것이다.

이종기가 주장하는 그림들은 코끼리든 활이든 아무런 의미도 없다. 현재로서는 설령 그림들이 설사 코끼리와 활이라 할지라도, 두 그림이 허왕후가 서기 48년에 아요디아에서 왔다는 근거가 어떻게 될 수 있는지에 대해 아무런 대답도 하지 못한다. 쌍어문을 포함한 단청의 그림들은 모두 허왕후가 인도에서 온 것에 대한 근거가 결코 될 수 없다.

수로왕릉 옆 비석의 문양, 무엇을 말해주는가

또 이종기는 수로왕릉 옆 비석에 새겨진 문양들을 허왕후가 인도에서 왔음을 보여주는 근거로 삼기도 했다. 숭선전 앞 비석 머리에 새겨진 여덟 마리의 뱀(인지 아닌지 확실치 않은) 형상의 문양을 힌두 신화의 태양 왕조를 상징하는 태양 문양이라고 주장한 것이다. 그러나 이는 너무나 심한 비약이다. 설사 그것이 여덟 개의 뱀으로 된 태양 문양이라 하더라도 그것이 어떻게 힌두 태양 왕조(라구완시Raghuvansi)를 상징하는 문양이 될 수 있는지 이해할 수 없다.

고대 힌두 신화집(뿌라나Purana) 문헌에 속한 여러 뿌라나에 의하면, 실제의 왕조 중 익슈바꾸 왕조(태양 왕조의 첫 왕이 익슈바꾸Ikshvaku이기 때문에 익슈바꾸 왕조라고도 부른다)의 후예라고 주장한 왕조가 북부 인도에는 존재하지 않았다. 마우리야 제국이 전 인도에 발달된 철기 문명을 보급한 기원전 3세기 이후 데칸고원 이남의 고다와리Godavari

강과 끄리슈나Krishna 강 사이에 통치권을 형성한 안드라 왕조가 자신들이 익슈바꾸 왕조의 후예라고 주장한 적은 있다. 하지만 안드라 왕조는 남부 인도가 바르나varna(카스트) 체계를 포함한 브라만 문화를 널리 받아들이면서 힌두 신화를 통해 권력의 정당화를 꾀하고자 했던 전형적인 남부 지역 세력의 국가였다. 따라서 그들조차도 실제 아요디야와는 아무런 관련이 없다.

더군다나 안드라 왕조를 비롯한 그 어떤 왕조에서도 이종기가 힌두 신화상의 태양 왕조의 상징이라고 말하는 저런 태양 문양을 삼은 적이 없다. 뿐만 아니라 앞에서 설명했듯이 '아요디야'라는 도시는 힌두

[그림 11] 수로왕 비수

김해 수로왕릉 옆에 있는 수로왕에 대한 비의 머리. 비수에 새겨진 태양 같이 생기기도 한 문양을 인도의 태양 왕조와 결부시키는 것은 소설과 같은 창작이다.

신화상의 수도일 뿐 지금의 아요디야와는 아무 상관이 없다. 지금의 아요디야는 5세기 중반 이후부터 7세기 초의 한 시기에, 이전에 번성했던 도시 사께따에 처음으로 '아요디야'라는 이름을 붙여 생긴 도시다. 결국 이종기는 오로지 태양 같이 생긴 모양으로만 인도의 태양 왕조와 연결시켰을 뿐이다.

더 어처구니없는 것은 여덟 개의 무언가가 뱀 같이 보인다고 해서 그것을 힌두 신화의 시바 신과 연계시키기까지 했다는 점이다. 이종기는 여덟 마리의 뱀 같기도 한 문양에서 힌두교의 시바 신과의 연계를 볼 수 있다고 주장했다. 한 술 더 떠 김해(지금은 부산)의 흥국사 극

[그림 12] 사왕도가 새겨진 돌과 수로왕과 허왕후 영정

장유화상이라는 존재를 처음으로 날조한 옛 명월사(지금은 흥국사) 극락전에 안치된 수로왕과 허왕후의 영정. 그리고 거대한 뱀이 새겨져 있다는 출처를 알 수 없는 어떤 돌판.

락전에 안치되어 있는 높이 60센티미터 너비 80센티미터의 돌판에 새겨진 문양을 사왕도蛇王圖라면서 그 돌판을 이른바 수로왕과 허왕후의 영정 옆에 두기까지 했다. 이종기는 정체불명의 돌에 새겨진 뚜렷하지 못한 무늬를 중앙에는 좌불이, 좌우에는 코브라가 있는 무늬라고 보고 사왕도蛇王圖라 불렀다. 나아가 이 무늬가 힌두교의 시바 신 숭배를 보여주는 것이며 허왕후가 아요디야에서 온 근거가 된다고 주장했다.

흥국사는 우담이라는 승려에 의해 1942년에 세워진, 허왕후의 오라버니인 장유화상의 전설을 날조한 명월사의 후신이다. 사찰 측은 무슨 근거인지에 대해서는 아무런 설명도 없이 이 돌판이 허왕후가 불교를 인도에서 가지고 온 근거라고 말한다. 이외에도 초선대의 인물상이 인도 원주민인 드라비다인일 것이라거나 김해 주변에 물고기/신어와 관련된 이름이 많이 있다거나 하는, 일일이 나열하기조차 곤란한 잡스러운 근거들을 허황된 문체로 섞어 놓으면서 그것들 모두가 허왕후가 서기 48년에 인도에서 김해로 결혼하기 위해 왔다는 것을 뒷받침해주는 근거라고 주장한다.

《가락국탐사》, 허왕후 신화 만들기의 시작

허왕후 전설은 1970년대 이전에는 아무도 크게 주목하지 않는, 《삼국유사》에 등장한 전설에 불과했다. 그러던 것이 이종기라는 한 아동문학가가 쓴 탐사문 형식의 소설 《가락국탐사》[57]에 의해 세상에 널리 알려지게 되었다. 이종기는《가락국탐사》를 통해 허왕후가 실제로 북인도의 아요디아에서 서기 20년경에 출발해 몇 년 후인 기원 초에 태국의 아윳티아에 식민지를 건설하고 그 후 48년 음력 5월에 김해에 왔다고 주장했다.

인도 북부 한가운데에서 강을 타고 떠난 사람들이 어떻게 태국에 도착하여 식민지를 건설했는지, 그 식민지를 두고 또 왜 가락국으로 오게 되었는지에 대해 이종기는 아무런 역사적 근거를 제시하지 못했다. 왜 언제 허왕후 가문이 아요디아를 떠났고, 어떻게 태국의 아윳티아를 식민지로 건설할 수 있었는지, 그리고 식민지를 건설한 후 왜 그것을 버리고 다시 떠나게 됐는지에 대해 단 한 줄의 이유도 없고 근거도 없다. 오로지《삼국유사》에 나오는 '아유타'와 인도의 현재 도시 아요디아 그리고 과거 태국의 왕조 아윳티아가 같은 어원을 가진 어휘라는 점만 내세우며 추정할 뿐이다.

이종기는 '아유타'라는 어휘 하나에 천착하여 아동문학가로서 상상에 입각해 글을 썼다. 그는 허왕후가 태국의 아윳티아에서 출발한 것으로 본다. 〈가락국기〉 이후에 만들어진 전설인 파사석탑 설화에 의거하여 허왕후가 원래는 인도의 아요디아에서 출발했으나 풍랑 때문에 아요디아로 다시 돌아가 파사석탑을 싣고 출발한 것이 아니고 태국의 아윳티아로 가서 출발했다는 것이다. 그러면서 태국의 아윳티아는 인도 아요디아가 세운 식민지라고 주장한다.

역사적으로 태국의 아윳티아는 1351년부터 1750년까지 태국의 차오프라야 강역에 세워진 나라다. 그런데 어떻게 1세기에 인도 아요디아에서 떠난 허왕후 일행이 14세기의 아윳티아를 식민지로 건설했다는 말인가? 이종기는 역사적 사실에 대해서는 아무런 연구도 하지 않은 채 소설가적 상상력을 발휘하여 어휘만 비슷하면 무조건 가져다 썼을 뿐이다.

힌두 신화 《라마야나》는 동남아에서 문화적 정당성의 원천 역할을 했다. 특히 《라마야나》의 이상군주 라마와 성도 아요디야는 정치적 정당화 장치로 작동했다. 2016년 10월에 서거한 태국의 푸미폰 국왕은 아요디야가 성도인 《라마야나》 신화의 주인공인 라마의 이름을 따 라마 9세이고, 싱가포르, 캄보디아, 인도네시아 등의 이름은 모두 고대 힌두 문화에 의탁한 산스끄리뜨어다. 고중세 한국의 여러 이름이 중국에서 비롯된 것과 같은 맥락이다. 그러나 한국의 여러 지명이 중국에서 가져온 것이라 해서 한국이 중국의 식민지라고 말할 수는 없다. 마찬가지로 태국의 아윳티야가 인도 아요디야와 같은 어원을 가진 지명이라고 해서 아요디야의 식민지가 될 수는 없다. 실제 역사적으로도 이름을 차용한 것 외에는 아무런 관계도 없다.

사이비 역사학에 의한 허왕후 신화의 확장화

일찍이 대월지가 중국으로부터 인도로 건너가 꾸샨국을 세웠고 그 일파가 아요디야 지역으로 이동했다가 다시 전란으로 인해 중국 내륙의 보주로 이동했고 그곳에서 가야로 건너왔다는 김병모의 주장은 더 황당하다. 김병모는 아요디야를 세운 허왕후 가문이 전란으로 인해 중국 내륙의 보주普州로 이동했다가 그곳에서(어떤 곳에서는 태어났다고 하고, 어떤 곳에서는 아요디야에서 건너왔다고 하고 어떤 곳에서는 출생 혹은 성장했다고 말한다) 가야로 건너왔다고 말하면서 보주는 중국 사천성 안악 현에 있었다고 주장한다.[58]

역사적으로 보주는 북주 무제(560~578) 때 설치한 행정 구역의 이름이다. 수나라 때 폐지되었다가 당나라 때 다시 부활한 후 송나라 때 최종적으로 폐지되었다. 그런 보주가 어떻게 서기 1세기의 보주가 될 수 있다는 것인가? 최소한의 역사적 사실 확인 절차도 거치지 않은 주장일 뿐이다.

김병모는《허황옥 루트》에서 '보주'를 중국 지명 사전을 통해 찾아냈다고 밝히고 있다. 가설을 확정해놓고 그 위에서 동일한 한자어를 찾아 실마리를 찾는 모습은 탐사 기행문에서 볼 수 있는 태도다. 역사 혹은 민속/인류학적 연구라고 볼 수는 없다. 이주 스토리의 방대함에 비해 방증 자료는 전혀 없어 도저히 동의할 수 없다.

꾸샨국은 중국 측의 기록에 대월지라 나와 있을 뿐이다. 대부분의 고고학적 유물을 통해 볼 때 중앙아시아의 샤까Shaka족 혹은 페르시아 Persia족 일파가 세운 나라로 중국과는 아무런 관계가 없다. 설사 춘추 전국시대 허국 출신이 대월지로 들어가 꾸샨국을 세웠다고 하더라도 왜 그들 일파가 인도아대륙의 서북부에서 아요디야로 갔는지에 대해서는 아무런 근거도 대지 못한다. 인도 고대사에서 왕조가 바뀌었다고 왕족들이 그 지역을 버리고 다른 곳으로 피난을 갔다는 기록은 단 한 번도 나오지 않는다.

꾸샨만 해도 그렇다. 꾸샨은 아주 느슨한 제국의 형태를 가진 나라였지 중앙집권적 국가가 아니었다. 꾸샨의 중앙정부가 들어섰다고 해서 이전의 지역 세력이—설사 아요디야가 도시가 아닌 국가라고 하더라도—피난을 가는 그런 정치 변란은 발생하지 않았다. 그런 정치 변란 운운하는 것은 인도 고대사에 대한 무지를 드러내는 것이다.

인도에서와 같이 정치적 경계가 분명하게 그어지지 않은 고대 국가의 경우, 납세 관계 등은 중앙정부와는 거의 관계가 없다. 지역 세력은 중앙정부와 연합 관계를 유지하면서 자신의 독자성을 어느 정도 유지했다고 보는 편이 옳다. 매우 느슨한 국경 개념이다. 중앙정부가 바뀌어도 지역 세력 혹은 종교 세력은 거의 변함없이 유지되었다. 지역 세력은 중앙정부에 대해 거의 조공 상태를 유지했다.

또한 서기 1세기는 꾸샨이 이제 막 파르티아-아프가니스탄 지역에 권력을 세우기 시작한 시기였다. 아직 인도의 북부 지역으로 내려오지 않았을 때였다. 꾸샨이 인도 북부로 영토를 확장한 것은 까니슈까Kanishka 때인 기원후 127년 이후의 일이다. 김병모 등의 주장과는 100년 정도 차이가 난다. 까니슈까가 재위했던 기간 중 127년부터 147년 사이에 꾸샨의 영토는 서쪽으로 웃자이니Ujjaini에서 동쪽으로 빠딸리뿌뜨라Pataliputra와 바라나시에 이르렀다. 만약 허왕후의 왕가가 꾸샨의 정복 때문에 다른 곳으로 이주 내지는 피란을 갔다 하더라도 시기적으로 맞지 않는다.

게다가 고대 인도에서 왕조의 정체성은 정치적으로 그리 큰 의미를 갖지 않는다. 그들은 왕조나 국가의 정체성보다는 사회법, 즉 카스트법을 더 의미 있는 것으로 간주하기 때문에 왕조 교체나 왕조에 대한 충성과 같은 행위에 그다지 큰 의미를 두지 않는다. 더군다나 대부분의 제국은 중앙집권정부를 구성하지 않은 상태에서 지역 군주들의 권력을 인정해주거나 느슨한 봉건제의 형태를 유지했다. 따라서 외래 세력이 정부를 전복시키고 왕족들을 끌고 가거나 그들이 유민으로 도망가는 사례는 이 지역 역사에서 일어나지 않았다.

이민족의 침입에 매우 민감한 반응을 보이는 인도의 일부 극우 힌두 민족주의 사학자들은 꾸샨을 비롯한 여러 이민족 세력이 정치적으로 압박을 가하자 인도 토착 세력이 동남아시아로 힌두 문화를 전파했다는 주장을 펼친 바는 있다. 그러나 정치적 박해 내지는 탄압 때문에 다른 곳으로 피난을 갔다는 김병모식의 주장은 전혀 없다.

인도사를 통해 본 허왕후 신화 만들기의 허점

이종기와 김병모는 허왕후의 결혼을 외래 세력의 정치적 핍박을 피해 피난한 것으로 이론화하려 한다. 하지만 아무런 근거가 없는 것은 물론이고 인도사에서는 역사적 추론조차도 되기 어려운 수준이다.

인도사에서 서기 1세기는 북부에서는 여러 외래 민족이 들어오고, 남부에서는 인도 민족이 동남아시아로 힌두 문화를 전파하던 시기다. 북부에서는 기원전후 시기부터 인도-그리스인, 파르티아, 샤까, 꾸샨 등이 여러 갈래로 서로 경쟁하듯 북부와 서부 지역을 차지했다가 뺏겼다가를 반복했다. 특히 중앙아시아에서부터 파르티아의 일부와 아프가니스탄을 거쳐 인도 북부의 갠지스 강 유역까지 세력을 확장한 꾸샨과 서부 지역을 통치했던 여러 샤까족 세력들과의 쟁패는 오랜 시간 격렬하게 지속되었다.

이 기간 동안 꾸샨은 강력한 중앙집권제를 형성하지 못했고, 그래서 지역의 토후 세력과 연합 정권을 유지했다. 남부에서는 마우리야 시기에 전파되었던 고도의 철기 문명이 꽃을 피웠다. 도시와 국가가 데칸고원과 그 이남에 크게 들어섰다. 그들은 로마 제국과 왕성하게 교류했고 마찬가지로 동남아시아와의 교류를 본격적으로 확장했다.

허왕후(혹은 허왕후의 선조)가 택한 중국으로의 피난로도 도저히 납득할 수 없다. 그들은 허왕후(혹은 허왕후의 선조)가 아요디야에서 무슨 전란으로 사리유 강에서 배를 타고 갠지스 강으로 갔고 다시 어떻게 중국의 보주로 갔는지 아무 근거도 제시하지 못한다. 김병모의 주장대로라면 허왕후 일족은 아요디야에서 인도의 앗삼Assam 지역을 포함한 버마와의 접경 지역을 건너가 중국의 사천 지역으로 갔다. 책상에 지도를 펴놓고 보면 그 길로 건너갈 수 있다고 생각할 수 있을지도 모르겠다. 그러나 고대에는 그 사이에 길이 없었고, 그 길을 통해 중국과 인도를 왕래한 사람도 전혀 없었다. 혜초, 현장 등 모든 승려들이 인도의 북부에서 지금의 파키스탄, 아프가니스탄 및 투르판 등 중앙아시아를 거쳐 중국 신장, 장안으로 방향을 잡은 것은 김병모가 말한 인도아대륙 동북 지역의 산세가 험하고 밀림이 짙고 비가 많이 와 중국과 인도를 잇는 길이 날 수가 없었기 때문이다.

앗삼과 버마 사이는 지금도 원시 부족이 사는 매우 깊은 산과 밀림으로 뒤덮인 지역이다. 지도 위에 화살표 선 하나 그린다고 해서 사람의 통행이 가능한 곳이 아니다. 김병모는 이 같은 기초적인 지리 상식도 검토하지 않은 채 허왕후 일족이 아요디야에서 배를 타고 강을 따라 벵갈 지역으로 갔다가 그곳에서 육로로 중국의 사천 지역으로 건너갔다고 주장한다. 역사적 근거를 찾을 수 없는 무리한 의견이다.

허왕후의 출신지가 중국의 보주?

김병모는 이종기가 만들어낸 사왕도 이야기를 각색하여 허왕후의 출신을 중국의 보주라고 주장하기도 했다. 이 또한 도저히 납득할 수 없는 주장이다.

이종기는 명월사에 있는 뱀처럼 보이는 무늬가 그려진 돌판을 가지고 인도 불교와의 연관성을 찾아내려 했다. 그는 돌판에 새겨진 문양이 붓다가 보리수 밑에서 선정을 수행할 때 그를 수호한 거대한 뱀(나가naga. 한국에서는 용으로 번역되었다) 왕 무짤린다Muchalinda라고 했다.[59] 이 문양이 무짤린다일 수도 있고 아닐 수도 있다. 그렇지만 그것이 무짤린다라고 하더라도 그 돌판이 언제 누구에 의해 만들어진 것인지 전혀 확인되지 않았고, 이종기 역시 이를 확인하지 않았다. 이 상태에서 어떻게 허왕후의 도래를 증명해주는 근거가 될 수 있다고 말할 수 있는가.

이종기는 소설가로서 그럴 수도 있다고 본다. 하지만 이 이야기를 각색하여 마치 자신이 새로 제기하는 것처럼 말하면서 허왕후의 출자가 중국 보주라 한 김병모의 주장은 용납될 수 없다.[60] 그는 허왕후의 조상이 인도 아요디야에서 중국의 파주로 건너왔다고 말한다. 인도 불교에 뱀 숭배가 있고, 아요디야는 불교의 성지며—아요디야는 역사적으로 불교의 성지가 된 적이 없다—중국의 파주 지역에 코끼리를 잡아먹는 뱀이 있었다는 전설이 있고, 김해 지역에 뱀이 돌에 새겨진 사왕도가 있기 때문에 중국의 파주와 김해의 보주가 연관이 있고, 그래서 허왕후가 중국의 파주, 즉 보주 출신이라는 것이다. 게다가 중국 파주 지역에서 중국 보주 '보'자의 음가인 p'u가 파주巴州자 파巴의 음가 pa와 비슷하기 때문에 허왕후를 보주태후라고 부른 것은 곧 그가 중국의 보주, 즉 파주 출신이라는 근거라고 주장한다.

그러나 김병모는 김해의 사왕도가 새겨진 돌이 언제 만들어진 것인지, 어떤 연유로 명월사에 오게 되었는지, 그것이 가락국과 무슨 관계가 있는지에 대해서는 단 한 마디의 근거도 제시하지 않는다. 김병모의 주장대로라면 만약 부산에 뱀이 새겨진 바위가 있을 경우 부산의 음가도 p'u와 비슷하니 허왕후가 가져온 것이라 말할 수 있을까? 파주, 부주, 바주, 보주, 파자, 보자 등의 이름을 가진 전국의 어떤 곳에 뱀 전설이 있으면 그곳도 허왕후가 인도를 출발해 중국에서 건너와서 정착해 산 곳이 될 수 있냐는 말이다. 그런 식이라면 중국에서 po 혹은 pa 혹은 pu와 비슷한 음가를 가진 지역 가운데 뱀이 새겨진 그림이나 바위가 있는 곳이라면 모두 허왕후의 고향이 될 수 있다.

김병모의 주장을 좀 과도하게 적용하면 소설가 생떽쥐베리가 쓴 《어린 왕자》에 코끼리를 잡아먹는 보아 뱀 이야기가 나오고 그곳이 프랑스이고 France의 맨 앞 음절의 음가도 p와 비슷한 F음이니 프랑스도 허왕후의 출자지가 될 수 있다. 프랑스를 불국이라고도 부르니 그것은 허왕후가 불교를 프랑스에 전파했다는 증거가 될 수도 있다. '보주'란 이 불국, 프랑스를 달리 표현한 것이라고 볼 수도 있다. 이게 말이 되는가?

이종기가 사왕도 이야기를 꺼낸 것은 아동문학가로서 있을 수 있는 일이다. 하지만 그것을 각색하여 논문으로 주장한 김병모의 태도는 비판받아 마땅하다. 김병모는 고고학 전공 교수로서 이 문제와 관련하여 1987년과 1988년에 논문을 발표했는데, 허왕후의 출자와 관련하여 '보주'라는 어휘를 탐색한 것 외에 거의 대부분의 논지는 소설가 이종기의 근거 없는 창작 그대로였다. 당시는 요즘같이 논문 심사를 치밀하게 하지 않아 논문집에 실리는 것이 그렇게까지 어렵지는 않았다. 그러나 아무리 그렇다고 논문이 갖추어야 할 최소한의 기본 논지 전개조차 갖추지 못한 논문을 학회지에 버젓이 싣고 그 후로 어느 누구도 그것을 비판하지 않았다는 것은 학계 전체가 반성해야 할 부분이다.

김병모는 논문을 통해 허왕후 가문이 북부 인도 꼬살라국의 아요디야에 살다가 꼬살라국이 꾸산에 의해 붕괴되면서 그들 가운데 브라만 계층이 중국으로 건너가 파주/보주에 정착하여 통치하다가 탄압을 받자 가락국으로 이주했다는 가설을 논문에서 설파했다.[61] 그런데 그 가설 가운데 중요한 부분을 차지하는 인도사 부분은 앞서 살펴본 것처럼 전혀 사실과 달라 언급할 가치조차 없다. 그는 이후로 그 가설을 검증·보완하지 않은 채 근거 제시도 없는 역사 기행문 같은 책을 냈고, 수도 없이 신문에 기사를 투고하고 인터뷰를 해 자신의 가설을 마치 검증된 사실인 것처럼 널리 알렸다. 그는 처음 두 논문에서는 주장으로 가다가 마지막 논문에서는 가설로 자세를 낮추었다가 그 가설을 대중화된 글로 퍼뜨렸다. 이에 따라 사이비 역사학의 허왕후 신화 만들기 폐해는 더욱 심화되었다.

불교 문헌, 사실 기록보다는 의미 전달 중시

가야사를 전공하는 몇몇 학자들이 이 문제에 대한 연구를 통해 허왕후 가문에 대한 김병모의 가설이 역사적 사실과는 거리가 먼 후대에 만들어진 설화일 뿐이라는 사실을 지적하긴 했다.[62] 하지만 김병모의 언론 활용이 불러온 효과를 불식시키기에는 힘이 부족했다. 가야사 전공자와 인도고대사 전공자의 논문은 대중들에게 널리 알려지지 않은 반면 일부 비전공자들의 글은 파급력이 매우 컸다. 대표적인 경우 하나만 들면, 동국대학교 불교대학원장이라는 직함을 가진 목정배 교수를 들 수 있다.

목정배 교수는 이렇게 말했다. "황옥의 전설, 장유화상의 이야기, 쌍어문 그림, 이들은 숨길 수 없는 유구한 숨소리와 피살이 엉켜 있는 것이다. 이러한 것이 아직 학문적으로 체계 있게 규명은 되지 아니했다 하더라도 가락불교를 전승하려는 몇몇 발심자가 발 벗고 나선 것은 역사 인식보다 역사 상징의 건널목을 넘어선 작업이 아닐 수 없다. 장유화상을 기리는 마음은 바로 한국 불교 전래사의 새로운 이정표를 설정하는 것이라 생각하여 경하하는 바이다."[63] 대개 이런 식이다. 제대로 된 연구는 전혀 하지 않고 주로 불교 신자들에게 널리 알리는 방식을 사용하여 사람들을 현혹시키는 데 앞장선 것이다. 이에 따라 불교도와 우파 민족주의자 그리고 김해김씨와 양천허씨 사람들에 의해 만들어진 신화는 실재하는 역사인 양 널리 퍼졌다.

허왕후 신화가 사실임을 주장하고자 할 때 주로 쓰는 수법으로 과학 실험 등을 드는 경우도 많다. 그 가운데 가장 널리 애용되는 것이 파사석탑에 관한 과학적 검증이다. 《삼국유사》 〈금관성 파사석탑〉에는 일연의 이런 말이 나온다.

> 탑은 사각형에 5층인데, 그 조각은 매우 기이하다. 돌에는 희미한 붉은 무늬가 있고 그 질이 매우 연하여 우리나라에서 나는 돌이 아니다. 본초本草에서 말한, '닭 벼슬의 피를 찍어서 시험했다'라고 한 것이 바로 이것이다.

이 글을 통해 알 수 있는 것은 《삼국유사》를 편찬한 고려시대의 일연이 이 돌을 보고 한국 땅에 잘 나지 않는 파사석임을 지적했다는 사실뿐이다. 일연은 기이한 돌을 숭배하는 민간신앙에 허왕후 전설이 섞인 것임을 간파하지 못했던 것이다. 일연은 이 돌이 허왕후가 진짜 가지고 온 것인지, 기이한 돌 숭배에 허왕후 전설이 섞인 것인지를 알지 못했고 분석할 필요도 느끼지 못했다.

불교의 역사관에서 역사는 윤회 세계의 인과응보 법칙에 부합하는 의미가 있을 때 가치가 있는 것이지, 사실 여부를 굳이 객관적으로 검증할 필요는 없다. 따라서 사실을 왜곡·과장하거나 상상을 통해 이야기를 만들어 의미 전달을 하는 것을 잘못으로 보지 않는다. 불교 문헌에 수록된 역사는 사실의 기록보다는 의미의 표현이 강하고 더 중요하다. 그 안에서 역사는 신화와 전설로 전환된다.

이러한 맥락에서 볼 때 일연에게 이 돌이 허왕후가 가지고 온 파사석탑인지의 여부 확인은 그다지 중요한 일이 아니었다. 그에게 중요한 것은 이 기이한 돌이 이 나라에서 난 것이 아닌 듯한데 허왕후가 가져온 것이라고 사람들이 믿어왔다는 점을 《삼국유사》를 통해 전달하는 것일 뿐이었다.

파사석탑에 대한 과학적 검증

그런데 김해 지역 금강병원 원장인 의사 허명철이 일연의 말, 즉 닭 벼슬의 피를 그 돌에 찍어보는 실험을 진행했다고 한다. 그 결과 닭 벼슬의 피가 응고되었다고 한다. 이 같은 이야기는 곧 일파만파로 퍼졌고, 허왕후가 인도에서 왔고 이 돌은 허왕후가 가지고 온 파사석탑이며 불교가 남방에서 전래되었을 뿐 아니라 한민족이 남방에서 기원했다는 주장까지 증명하는 근거로 활용되었다.

분명히 말하건대, 허명철의 실험을 통해 증명된 것은 그 돌이 《본초》에서 말하는 파사석이라는 점뿐이다. 다시 말해 이 돌이 파사석이라는 것과 그 특성이 《본초》에 나타난 바와 같다는 것뿐이다. 그 돌이 파사석이라 할지라도 그것이 허왕후가 아요디야에서 올 때 가져온 돌임을 논증하는 근거는 전혀 될 수가 없다. 실험 성공의 의미를 최대한 인정한다 해도 그 돌이 국내에서 나지 않은 것일 뿐, 그것이 곧 허왕후가 배를 타고 올 때 싣고 왔음을 증명하는 것은 아니라는 말이다. 더 양보해서 그 돌이 이 지역의 돌이 아니고 동남아 혹은 인도에서 온 것이라 하더라도 그것이 허왕후가 가지고 온 돌이라고 단정할 수는 없다.

지질학자와 고고학자의 연구에 의하면, 파사석탑의 돌은 중국의 《본초》가 말하듯 남방 지역에 많이 있긴 하지만 한국에 전혀 존재하지 않은 돌은 아니다. 한 연구에 따르면 고령 지역에 분포하는 사암의 경우 전철량全鐵量은 표토 쪽으로 갈수록 증가한다. 철분 함유량이 많은 사암 가운데 산화철의 비중이 높은 돌은 붉은 색을 띤다.[64] 철분 함유량이 많으면 당연히 닭 벼슬의 피를 떨어뜨리면 응고되지 않으며, 불에 태우면 유황 냄새가 난다. 요컨대 파사석탑은 철이 많이 나는 김해 지역에서 우연히 발견된 기이한 돌일 가능성이 크다. 이 기이함 때문에 사람들이 그 돌을 숭배하기 시작했고, 그러한 숭배가 허왕후 설화와 합쳐진 것이다.

더군다나 현재 허왕후릉 앞에 세워져 있는 파사석탑이라 하는 것이 일연이 언급한 석탑인지도 알 수 없다. 이 탑은 1993년 이전까지는 돌 하나하나가 따로 따로 창고에 보관되어 있었다. 현재는 파사석탑과는 관련이 없어 보이는 돌을 기단부로 하고 그 위에 여섯 개의 돌을 얹어 놓았을 뿐이다. 현재의 파사석탑이 일연이 말한 사각형으로 된 5층 파사석탑인지 확인할 수 없는 것이다.

과학의 힘을 빌리는 것으로 유전자 분석을 하는 경우도 있다. 신문기사에 의하면 2004년 서울대 의대 서정선 교수와 한림대 의대 김종일 교수팀이 허왕후의 후손으로 추정되는 김해 고분의 왕족 유골을 분석한 결과 인도 등 남방계라는 결론을 내렸다고 했다.[65] 서정선 교수 등은 2004년 강원 춘천시에서 열린 한국유전체학회에서 "약 2,000년 전 가야시대 왕족의 것으로 추정되는 유골을 분석한 결과 인도 등 남방계와 비슷한 유전정보를 갖고 있었다"고 밝히면서, 연구 결과를 토대로 우리 민족의 기원과 관련하여 북방단일설이 아니라 북방·남방계가 합쳐진 이중기원설일 가능성을 제기했다.

그러나 서정선 교수 등이 허왕후 후손으로 추정되는 사람의 고분이라고 한 것부터 전혀 역사적이지도, 과학적이지도 않다. 현재로서는 그들이 어떤 고분의 유골을 조사했는지에 대해 발표조차 하지 않은 이런 신문 기사의 주장을 믿기는 어렵다. 설사 이 유골이 남방계 인종의 도래설을 지지한다고 해도 그것이 허왕후가 인도 아요디야에서 왔다는 근거가 될 수는 없다. 학계에서는 이미 한국의 인종이 북방 유이민과 남방 유이민으로 구성되어 있고, 문화도 남방계가 상당히 섞여 있다고 널리 인정한다. 새삼스럽게 그 사실이 과학적으로 밝혀졌다고 해서 놀랄 만한 새로운 사실이 드러난 것은 아니다. 유골이 남방계라 해도, 그것을 허왕후의 아요디야 도래설과 관련짓는 것은 역사 날조일 뿐이다.

한국과 인도의 교류, 허왕후 신화가 확장되다

허왕후 신화가 확장된 것은 1980년대 이후 한국과 인도의 교류가 본격적으로 이루어지면서 한국과 관계를 맺은 인도인들 사이에도 널리 알려지게 되었다. 한국으로 부임하는 인도 대사의 대부분은 너나 할 것 없이 자신들의 공주가 왕비가 된 한국으로 오게 되어 매우 기쁘게 생각한다는 내용으로 부임 인사를 했고 인도에 부임한 한국의 외교관들 또한 마찬가지였다. 비즈니스를 하거나 유학을 하던 인도사람과 한국사람 모두 너나 할 것 없이 이 이야기를 전하며 양국 간의 우호 증진을 꾀했다.

그 사이 인도의 아요디야에서는 미슈라Mohan Pratap Mishra라는 아요디야 지역의 한 정치인이 자신이 허왕후의 후손이자 아요디야 왕손이라 주장하고 나섰다. 그는 1999년 김해를 찾아 장유화상이 인도에서 불교를 가져왔고 그 전통을 이은 불교가 장유종이라는 주장 아래 창건한 불조사를 방문했다. 이에 대해 장유종 측은 "이번 아유타국 왕손 부처의 내방은 지금까지 허왕후의 출자와 가락불교 전래에 대한 학계의 의구심을 해소하는 데 결정적 계기가 될 것으로 기대되고 있다"고 주장했다.

김종필은 2002년 대선을 앞두고 또 다른 김해김씨 정치인 김대중과 만나 김해김씨 대종회 행사에서 이를 구체화시켰다. 김종필은 허왕후의 후손이라 주장하는 미슈라 씨를 초청해 1999년 4월 29일 김해숭선전춘향대제에서 주한 인도 대사와 함께 허왕후릉에 참배하게 했다. 이에 따라 한국에서뿐만 아니라 인도에서조차 전설의 실체를 만들어내는 일을 하기 시작했다. 그러나 미슈라 씨의 부친은 아요디야와 아무 관계없는 비하르 주에서 아요디야로 이주해 온 사람이었다. 이 사실 하나만 봐도 그가 허왕후의 후손이라는 말이 얼마나 허무맹랑한 이야기인지 쉽게 파악할 수 있다.

2001년 3월 6일 가락종친회는 아요디야에서 허왕후 기념비 제막식을 성대하게 열었다. 김대중, 김종필 등 김해를 본관으로 둔 두 유력 정치인이 정치적 영향력을 키우기 위해 허왕후 신화를 인도로까지 확대시킨 것이다. 결국 허왕후 신화는 인도에까지 전해져 인도의 민족주의자들에 의해 본격적으로 이용되기 시작한다.

2002년에는 김해김씨가락중앙종친회에 의해 허왕후 설화가 설화의 모태라고 할 수 있는 인도 아요디야로까지 역수출되기에 이른다.

[그림 13] '허왕후 탄생지'
인도 웃따르쁘라데시 주 아요디야 시 사리유 강가에 세워진 허왕후 탄생지.
그러나 이곳이 허왕후가 탄생한 곳이라는 아무런 근거도 제시하지 않는다.

2002년 북부 인도의 웃따르쁘라데시 주에 있는 아요디야 시 사리유 강가에는 가락중앙종친회에 의해 검은 대리석으로 화려하게 만들어진 허왕후 탄생 기념비가 세워진다. 이 비문에는 비가 서 있는 곳이 허왕후의 탄생지라는 글이 한글로 또렷하게 새겨져 있고, 공원 입구 정문에는 허왕후 설화가 현대에 들어 대중화되는 데 결정적 역할을 한 '쌍어문'이 그려져 있다.

인도 우파 민족주의 세력의 역사 만들기에 이용당하는 허왕후 신화

허왕후 탄생비를 아요디야의 사리유 강가에 건립한 배경에는 인도의 집권 여당인 인도국민당Bharatiya Janata Party의 적극적 후원이 있었다. 인도국민당은 힌두 민족주의 중심의 극우 파쇼적 정치를 표방하는 정당으로 정치 이데올로기적 기반을 아요디야에 두고 있다. 인도국민당과 그 방계 세력들은 1992년 12월 아요디야에서 《라마야나》 신화에 등장하는 라마 사원을 복원한다면서 기존의 이슬람 사원을 파괴하고 232명의 인명 살상을 초래했다. 그 후로도 폭력은 계속되어 500명 이상이 살해되고 수십만 명이 가정을 잃었으며 천문학적인 재산 손실도 가져왔다.[66]

이러한 양상은 지금도—특히 총선과 관련된 시기에 집중적으로—끊이지 않고 있다. 그들은 외국인을 매우 혐오하는데, 특히 이슬람과 기독교에 대한 핍박이 심하다. 그들 중 심한 수구 파시스트들은 수녀 강간, 기독교인 살해, 무슬림 학살의 배후 세력이라는 의심까지 받고 있다. 이 같은 인도의 극우 패권주의 세력들에게 한국의 '아요디야에서 온 공주 허왕후'는 더할 나위 없이 좋은 정권 정당성의 근거가 될 가능성마저 있다. 상황이 이런데도 그들이 조장하는 우파 민족주의에 입각한 역사 만들기를 왜 한국 대사관이 나서서 지원하는지, 아무리 생각해도 납득하기 어려운 처사다.

인도에서의 역사 교과서 논쟁이 주로 고대사와 중세사, 특히 신화와 역사 혹은 민족 관련 문제에 집중되었다는 사실을 보면 허왕후 신화가 단순한 역사적 실체에 관한 것에 국한되지 않는다는 점을 알 수 있다. 허왕후 신화는 수구 정당인 인도국민당이 집권 후 곧바로 촉발시킨 인도 역사 교과서 문제의 중심 주제와 직결된다. 허왕후는 아요디야와 관련되고 그 아요디야는 인도 수구 세력이 신줏단지 모시듯 하는 힌두 민족주의의 산실인《라마야나》의 중심 주제이기 때문이다.

우파 민족주의 세력은 그동안 과학적 역사관에 의해 부정되어온 힌두 신화 속 라마 신 등의 행적을 역사적 사실로 인정해야 한다고 주장했다. 역사적 진실이 거의 없는 신의 이야기가 사실로서의 역사에 편입되면 인도는 모든 면에서 세계 최고의 문명국으로 우뚝 서게 된다는 것이 이 논쟁의 핵심이다.

그들은 세계 최고인 인도 고대 문명이 무슬림, 기독교도 등과 같은 이민족들의 유입으로 인해 쇠퇴하기 시작했고 그 과정에서 반목과 갈등이 생겨났다고 주장한다. 그들에게 힌두교도가 아닌 타 종교인은 인도인이 아닌 적이고, 그들을 포용할 필요가 없는 배제의 대상이다. 그들은 라마 신의 이야기가 거의 모든 아시아에 전파되어 각 지역의 문명화에 큰 역할을 했다고 본다. 그런데 그런 문화 형성 요소로서가 아닌 실제 역사 차원에서 라마 탄생지인 아요디야에서 힌두 여인이 아시아 맨 끝 한국의 기원 초기에 그곳으로 건너가 왕비가 되었다는 사실은 힌두 문명의 위대함을 역설하는 데 최고의 소재가 되는 것이다.

사정이 이러함에도 한국 대사관이 허왕후 탄생지라며 조성된 공원에 한국 정부 비용 7~8억 원을 들여 성역화를 추진한다고 하니 참으로 어처구니없는 일이다. 한국 정부는 도대체 무엇을 위해 존재하는지 알 수가 없다. 허왕후가 인도에서 한국으로 왔다는 이야기는 한국과 인도에서 열리는 온갖 양국 관계 증진 행사의 환영사에 항상 등장했다. 민족주의 세력인 인도국민당이 정권을 잡은 2014년 이후에는 인도 정부 초청 허왕후 신화 관련 심포지엄도 열렸다. 2015년 7월 14~15일에는 뉴델리 인도국제센터에서 'Shared Heritage—as New Variable in the Indo-Korean Relations: Historicizing the Legend of the Princess from Ayodhya and its Historicity(공유하는 유산—인도-한국 관계에서의 새로운 변수: 아요디야에서 온 공주 전설의 역사화와 그 유산)'이라는 국제 심포지엄이 개최되었다.

2015년의 이 심포지엄은 심포지엄 제목과는 달리 허왕후 신화의 역사성이나 역사적 의미를 논의하지 않았다. 인도 측이나 한국 측 모두 전문 역사학자는 거의 참가하지 않았고, 인도-한국 관계 증진을 꾀하는 문화계 인사가 참가자의 대부분이었다. 정부에서 주최하는 심포지엄은 대부분 학술 증진용이라기보다는 정부 홍보용이기 때문에 학술적 연구 대신 '위대한 인도'를 널리 알리는 분위기로 활용되었다. 앞으로도 허왕후 신화 만들기는 양국 관계의 증진을 꾀하는 차원에서 인도나 한국 모두 정부에 의해 더 적극적으로 활용될 것으로 보인다.

11 민족주의 신화와 국민 콤플렉스 그리고 무책임한 역사학계

최근 2000년대까지 지속적으로 확장되어 인도의 '위대한 힌두 민족주의'의 자양분이 되기에 이르렀다. 1980년대부터 줄기차게 쏟아내는 김병모 교수의 사이비 역사학 때문이었다. 금기야 허왕후 신화는 발단은 1977년에 이종기라는 한 아동문학가가 쓴 작은 탐사문이 제공했다. 그러나 실제 문제는 허왕후 설화가 실제의 역사로 자리 잡은 것은 한 유명 교수의 화려한 언론 활용 덕분이었다.

허왕후 신화의 변천 과정

현재 우리에게 널리 알려진 허왕후 신화는 버전이 여럿이다. 전하는 사람에 따라 달라지니, 때와 장소에 관계없이 수시로 더해지고 부풀려지고 바뀌면서 새로운 버전이 만들어진다. 특히 허왕후 신화와 관계를 맺고자 하는 측의 입장에 따라 내용이 바뀌는 경우가 많다. 그야말로 살아 있는 신화의 세계를 여실히 보여준다.

그렇지만 그렇다고 그것이 사실fact을 보여주는 역사는 아니다. 허왕후 신화가 또 하나의 역사학임에는 분명하고 그 가치 또한 존중받아야 마땅하다. 하지만 그렇다고 만들어진 이야기를 사실로 인정할 수는 없다. 상상이 현실 못지않게 귀하고 가치 있는 일이라는 의견에 일정 부분 동의하지만 그렇다고 그 상상이 사실을 대체할 수는 없다.

허왕후 신화는 통일신라시대에 수로왕 신화의 일부로서 뼈대가 만들어진 이후 〈가락국기〉 안에 수록되고 여러 이야기들이 덧붙여졌다. 《삼국유사》가 편찬되는 고려 문종 대에 이르러서는 신화의 구조를 갖추었다. 그 후 조선시대를 거치면서 허왕후는 실제 역사 속에 존재하는 인물로 자리 잡았다. 당시 성리학적 세계관 위에서 가문을 중심으로 정치하는 사람들과 더 많은 신도들을 확보하기 위해 다양한 궁리를 하던 불교 사원 사람들이 그 중심에 섰다. 나말여초 이야기를 창작하던 중 만들어진 '아유타국 공주 허황옥'은 이런 과정을 거치며 능을 갖추고 시호를 받은 실제의 인물로 날조되기에 이른다.

그렇지만 그러한 움직임은 일부 관계자들 사이에서만 이루어졌을 뿐 범국민적으로 일어난 현상은 아니었다. 이 창작 설화가 실제의 역사로 자리 잡은 것은 한 유명 교수의 적극적인 언론 활용 덕분이었다. 발단은 1977년에 이종기라는 한 아동문학가가 쓴 작은 탐사문이 제공했다. 그러나 실제 문제는 1980년대부터 줄기차게 쏟아내는 김병모 교수의 사이비 역사학 때문이었다. 급기야 허왕후 신화는 최근 2000년대까지 지속적으로 확장되어 인도의 '위대한 힌두 민족주의'의 자양분이 되기에 이르렀다.

허왕후 신화의 확장 과정

《삼국유사》 〈가락국기〉에 수록되어 있는 허왕후 설화는 여러 시기를 거치면서 형성된 다양한 설화들이 층위를 이룬다. 그 안에는 중국 문화, 불교 문화, 무교 문화 등이 분간하기 어려울 정도로 섞여 있다. 한국인의 정서가 이러한 문화 안에서 정리되지 않은 채 이질적으로 형성되었기 때문이다. 이 다양한 층위가 형성된 시기도 정확하게 알 수 없다. 인민들의 정서라는 것이 애매하고 이질적이라서 시간의 선과 후를 분명히 판가름할 수 없는데다가 원인과 결과도 정확하게 규명하기 어렵기 때문이다. 다만, 현재로서는 허왕후 신화의 정확한 원형은 알 수 없지만, 그 뼈대가 만들어진 이후 그 위에서 다른 설화들을 만들고 흡수하면서 확대되어왔다는 사실은 분명하다.

대중들이 알고 있는 허왕후 신화는 아주 최근에 만들어진 것도 있는 등 어떤 한 시기에 만들어진 것이 아니다. 이런 점에서 허왕후 신화를 모두 고대 가야 수로왕 시대의 역사적 사실을 담고 있는 사료로 생각해서는 안 된다. 신화는 동서고금을 막론하고 장구한 시간을 거치면서 붙을 것은 붙고, 빠질 것은 빠지고, 바뀔 것은 바뀌면서 만들어져가는 법이다. 형성되는 기간은 1000년이 넘는 경우도 허다하다. 엄밀하게 말하면 '지금 여기'에서도 변화가 진행 중이라고 보는 편이 옳다. 인민들이 생각하고 바라고 원하는 바가 항상 합리적인 것은 아니며 그래서 역사학을 독점하는 권력들로부터 배제당할 수밖에 없기 때문이다. 하지만 동시에 그들의 염과 원은 쉴 새 없이 꾸준히 만들어져가기 때문이기도 하다.

허왕후 설화 가운데 《삼국유사》의 〈가락국기〉 이외의 곳, 즉 〈금관성 파사석탑〉 등에 나오는 설화는 〈가락국기〉 편찬 후부터 《삼국유사》가 편찬되던 사이에 만들어진 것이다. 특히 주목할 점은 허왕후 신화가 호계사와 같은 불교 사찰에 의해 만들어지기 시작한 점이다. 그것은 고대 인도에서부터 불교가 지녀온 특유의 역사관 때문이다. 불교는 역사를 사실 자체보다는 해석으로 보고, 목격이나 증거보다는 경이와 창작에 더 큰 의미를 둔다. 사실이 어떻든 인민들이 생각하고 바라고 원하는 바를 역사라고 간주하기 때문에 불교 사찰에서 그러한 염과 원을 적극적으로 받아들이거나 심지어는 만들어내는 것이다.

불교 사찰에서 확장되기 시작한 허왕후 신화는 조선조 들어 성리학의 가문정치를 만나면서 또 한 번의 전기를 맞는다. 양천허씨가 신화 속의 허왕후를 실제 인물로 여겨 허왕후릉을 비정하고 족보와 연계시키는 일련의 과정 속에서 허왕후가 실재하는 역사 속 인물로 자리매김하게 된 것이다. 허왕후는 '보주태후'라는 시호를 받게 되고, 적당한 타협을 통해 족보에까지 등장한다.

18세기 들어 김해의 명월사를 비롯한 작은 사찰들이 사원 비즈니스 차원에서 신화 만들기에 적극 나서면서 허왕후 신화는 또 한 번의 큰 확장을 경험한다. 이 경우 이전 시대보다 더 과감한 방법으로 사료 조작과 날조가 이루어졌다. 특히 주목되는 것은 허왕후의 형제 장유화상이라는 인물의 창조다. 그와 허왕후 아들들을 둘러싼 이야기들은 1980년대 이후 일부 사이비 역사학자들에 의해 마치 《삼국유사》의 〈가락국기〉나 다른 곳에 나오는 원형의 이야기처럼 퍼져나갔다.

사이비 역사학의 폐해

놀라운 점은 사이비 역사학에서 최근에 창작된 이 같은 이야기로 수로왕 시대의 역사를 논하기까지 했다는 것이다. 그 근저에는 신화에 대한 잘못된 역사 인식이 자리하고 있다. 즉 신화에는 모두 일정한 역사적 사실이 담겨져 있고 그것을 버리는 것은 옳지 않다는 생각을 잘못된 방법론을 사용하여 과도하게 적용한 것이다. 또한 불교사관에 의해 기술된 설화를 사실로 간주하는 불교사관에 대한 무지가 깔려 있었던 것이다.

사이비 역사학은 1980년대 이후 활발하게 진행되었고, 이에 힘입어 허왕후 신화는 결정적으로 확대재생산되면서 거의 '국민 신화'의 수준에 오르게 된다. 나는 무엇보다도 이 과정에 주목한다. 이 사이비 역사학이 행한 날조와 왜곡은 내용의 질과 수준 면에서 이전의 불교사찰이나 가문정치의 차원에서 행해진 신화 만들기와 확연히 다르기 때문이다. 그 폐해가 훨씬 큰 것은 두말 할 필요도 없다.

허왕후가 실제로 인도에서 왔다는 주장은 1977년 이종기라는 한 아동문학가의 탐사문 형식을 빌린 수필에서부터 시작되었다. 하지만 그것이 한국 사회에 실재하는 역사이자 '국민 신화'로 등장하게 된 것은 김병모라는 한 고고학 전공 교수의 학문적이지 못한 자세 때문이다. 김병모는 허왕후 신화를 구성하는 여러 설화가 언제 만들어진 것인지, 그것들이 역사적 사실을 보여주는 사료로서의 자격을 갖추었는지 등을 살피는 노력, 즉 역사를 분석하는 학자로서 담당해야 할 제1의 과제인 사료 검증을 전혀 하지 않았다. 그는 20세기에 들어와 만들어진 이야기가 마치 〈가락국기〉 기술 당시의 원형인 것처럼 말했고, 그것으로 수로왕 시대의 역사를 논했다. 그리고 그 결과물을 주로 검증이 필요하지 않은 언론에 무차별적으로 실었다.

김병모의 화려한 언어로 인해 허왕후 신화는 역사적 사실인 것처럼 국민들에게 널리 받아들여졌다. 대표적인 예가 허왕후가 아요디야에서 가락국으로 올 때 오빠인 장유화상과 같이 왔다거나 허왕후가 아들을 몇 낳았다거나 하는 이야기들이다. 대부분이 조선시대 중기 이후 혹은 20세기 들어 만들어진 것임에도 불구하고 김병모는 그 이야기를 가지고 수로왕 시대의 역사를 이야기한다. 그는 역사학 해석의 전문 훈련을 받지 않은 일반인들이 신화가 태초의 사건을 말하면 그것이 태초의 역사를 기록한 것으로 인식하게 하는 데 일조한 것이다.

사이비 역사학의 확산은 이러한 분위기에서 이루어진다. 이후로 사람들 사이에서는 허왕후가 오빠와 함께 인도에서 왔다는 사실뿐만 아니라 수로왕과 사이에서 열 아들을 낳고 그들이 가야산이나 지리산으로 들어갔다는 이야기가 《삼국유사》의 〈가락국기〉나 다른 곳에 나오는 것처럼 이해하고, 그것이 기원 초기의 역사적 사실을 기록한 것이라고 생각하는 경향이 널리 퍼지게 된다.

허왕후 신화의 '국민 신화'화

허왕후가 고대 인도에서 가락국으로 시집왔는데, 그때 불교도 들어왔으니 한국 불교의 역사는 중국을 거치지 않고 인도로부터 해로로 바로 들어왔다는 주장은 아동문학가의 역사 수필이 허명철이라는 외과의사를 만나 가공된 후 김병모라는 교수를 만나 학문으로 포장되고 언론을 만나 유포되는 과정 속에서 거침없이 확대되었다. 여기에 아마추어 민족주의자들까지 가세하여 인도와 직접 접촉하고 일본에까지 건너가 나라를 세운 가락국의 역사는 삼국 중심의 기존 역사에 의해 무시당했으니 지금부터라도 그로부터 벗어나 북방 문화가 아닌 남방 문화를 더욱 탐구해야 한다고 주장하고 나섰다. 남방 문화 탐구의 필요성은 예의 한국어 드라비다어 기원론과[67] 맞물리면서 더욱 자극적으로 퍼져나갔다. 이때 허왕후의 실제 인도에서의 도래는 역사에서 일어난 기정사실이 된다.

사이비 역사학의 이 같은 작업은 대륙에 붙은 반도라는 콤플렉스로부터 벗어나고 싶어 하는 '위대한 한민족'의 심리를 자극하기도 한다. 한 아동문학가의 창조된 해석이 고고학 전공 교수의 사이비 역사학과 만나고 언론이 이를 부추기면서 '허왕후 신화'는 한반도를 벗어나 세계 속으로 뻗어나가 세계의 주인이 되고 싶은 위대한 한민족 민족주의 속에서 일약 '국민 신화'가 되어버린 것이다.

이 현상은 《환단고기》를 역사로 보거나 한사군 한반도설을 부인하는 등 한국 고대사에서 이른바 재야사학이라 불리는 수구 민족주의 사이비 사학이 만들어진 것이 박정희 정권의 역사 교과서 국정화와 관련이 있다는 주장과 맥이 닿아 있다. 이종기의 탐사문이 1977년에 나왔으니 당시는 박정희 정권의 '국적 있는 교육' 정책이 한창 펼쳐질 때다. 이러한 사회 분위기는 민족주의자들에게 자신의 생각이 국가 정책을 적극적으로 뒷받침할 수 있다는 생각을 가지도록 만들었을 것이다.

나는 이러한 정서를 이종기 선생과의 인터뷰를 통해 확인한 바 있다. 1986년 가을 서울 용산 서빙고동의 한 커피숍에서 만난 이종기 선생은 왜 이런 작업을 하시는지를 묻는 내게 자신은 아동문학가로서 어린이들의 상상력을 불러일으킬 수 있는 일을 하는 것이라고 말했다. 박정희의 위대한 민족주의와 한 아동문학가의 꿈과 희망을 주는 글이 만나게 된 것이다. 사실 이 만남은 그다지 큰 영향력을 남기지 않고 일부에만 영향력을 행사하는 정도로 그칠 수 있었다. 느닷없이 한 고고학 전공 교수와 언론이 따라붙기 전까지는 말이다.

언론과 학계, 사이비 역사학의 확장에 일조

고고학자 김병모는 이종기의 《가락국탐사》를 읽은 후 그 요지를 학문의 틀 안에 담고 언론에 널리 알림으로써 사이비 역사학과 황색 언론이 만나게 되는 계기를 조성했다. 1984년 인도 델리대학교 역사학과에서 인도 고대사를 연구하고 있던 나는 한국방송공사의 기획 취재팀과 김병모 교수를 만났고, 델리대학교에 재직 중인 인도고대사의 대가 샤르마R.S.Sharma 교수를 소개시켜주었다. 그들은 델리로 오기 전 파키스탄 라호르에서 인도고대사의 또 다른 대가인 다니A.H.Dani 교수도 만나 자문을 구했다고 했다.

그런데 샤르마 교수와의 인터뷰를 옆에서 보고 들으니 말이 자문이지 학문 연구에 대한 자문을 하는 것이 아니라 방송 프로그램 대본에 맞춰 말을 해달라는 일방적인 요구였다. 허왕후가 기원 초기 인도 아요디야에서 전란을 피해 한국으로 갔는데 그 증거가 쌍어문이다, 쌍어문은 아요디야국의 공식 문장이다, 라는 것을 텔레비전을 통해 말해달라는 것이었다. 샤르마 교수는 김병모 교수의 의견은 쉽게 받아들일 수 없으며, 역사학자의 입장에서는 더 깊고 넓은 조사와 연구를 해야 한다고밖에 말할 수 없다고 했다. 이에 대해 김병모는 그의 책에서 '샤르마 교수는 더 이상 아는 것이 없다'는 식으로 기술했다.[68]

김병모의 태도는 학문을 하는 사람이 취할 수 있는 것이 아니었다. 그의 관심은 오로지 자신의 주장을 언론에 널리 알리는 데 한정된 듯 보였다. 서울대와 옥스퍼드대 출신의 한양대 문화인류학과 교수라는 직함은 언론을 활용하는 데 유리한 기제였을 것이다. 언론은 김병모의 자극적 사이비 역사학을 충분히 활용하여 황색 언론의 길로 나아가는 데 주저하지 않았다. 김병모의 언론 활용은 주로 《조선일보》를 통해 시작되었다. 하지만 나중에는 보수, 진보 혹은 중앙지, 지방지 할 것 없이 거의 모든 신문이 달려들어 그의 주장을 무비판적으로 소개하는 예가 빈발했다. 《조선일보》의 영웅 신화와 민족주의가 사이비 역사학과 만나 국민 콤플렉스를 자극해 만들어진 '국민 신화'에 진보 신문까지 가담한 것이다.

이러한 상황에서 제대로 발언을 하지 못하는(혹은 학문적인 글이 아니니 애써 무시하는) 학자들의 태도는 신화가 날조되고 확장되며 나아가 사이비 역사학이 기승을 부리는 데 묵인·동조하는 결과를 낳게 되었다. 그 과정에서 한국 역사학계의 고질적인 병폐가 드러났다. 불교와 《삼국유사》의 기본 바탕이 될 수밖에 없는 인도고대사에 대해 연구하는 이는 없었다. 현재 전국의 200개 가까이 되는 역사학과에 인도사를 전공하는 교수는 단 한 사람도 없다. 학문의 편중이 얼마나 심각한가? 그렇다 보니 고대 인도의 불교의 역사 인식을 모르고서 그 위에서 쓰인 《삼국유사》를 최고의 사서로 삼아 역사를 분석하게 되고 그 결과 이런 사이비 역사학이 횡행하게 된 것이다.

김병모의 주장에 대해 대부분의 가야사 연구자들은 전공자가 아닌 이의 가벼운 주장 정도로 치부했다. 하지만 가야사를 전공하지 않은 많은 학자들은 그의 주장을 또 하나의 학설로 인정하여 그를 인용하거나 그의 주장을 전혀 검증하지 않은 채 받아들여 그 위에서 김병모의 주장을 무비판적으로 인용했다. 그들은 인용이라는 것이 자신이 전공하지 않은 부분에서 학문적 중립을 지키는 태도인 것처럼 인식하는 듯했다. 인용이므로 자신은 학문적 책임에서 자유롭다는 식이다.

특이한 점은 그러한 역사학자들 가운데 대중들에게 상당한 영향력을 가진 유명 인사가 많다는 것이다. 그들은 허왕후 신화에 관한 사이비 역사학을 무비판적으로 받아들였다. 그들의 대중적 영향력이 상당히 크다는 점에서 볼 때 그들도 대중의 역사 인식을 호도하고, 수구 민족주의를 무분별하게 널리 퍼뜨리는 데 상당한 기여를 했다는 사실을 부인하기 어렵다. 이런 점에서 그들 또한 신랄한 비판을 받아야 한다.

이른바 재야사학자의 대표적 인물이라 할 수 있는 이이화는《한국사 이야기 2》를 통해 허왕후가 가지고 온 파사석탑이 '중국의 남쪽 지방과 인도 지역에서 생산되는 돌이라는 사실이 근래에 확인되었다'는 전혀 확인되지 않는 진술을 한다. 그는 또 김수로왕릉 정문에 새겨진 태양 무늬와 물고기 무늬를 인도에서 널리 사용되는 태양 무늬와 물고기 무늬 그림과 나란히 보여줌으로써 이종기의 상상을 그대로 받아들였다. 이이화가 말하는 태양 무늬 문양은 수로왕릉 정문 단청에 '그려져' 있지도 않다. 그럼에도 그는 정문에 '새겨진' 것이라고까지 말한다. 이뿐만이 아니다. 이이화는 이종기 그림 안에 어느 인도인이 펜으로 적어 놓은 힌디 문자 '꼬리야'(한국)와 '바라뜨'(인도)마저 그대로 옮겨놓는다. 이는 그 문자를 읽지 못하는 사람들로 하여금 글자가 김수로왕릉과 인도 아요디야에 같이 있는 것처럼 착각하게 만든다. 이 종기의 그림이 신비스러운 느낌을 갖게 하도록 만든 것이다.[69]

나아가 이이화는 김해김씨의 시조는 수로왕으로 열 명의 아들 중에서 여덟 명은 아버지의 성을 따랐고 두 아들은 김해허씨의 시조인 어머니 허왕후의 성을 따랐으니, 이들 허씨가 어머니의 성을 따른 최초의 예가 될 것이라고까지 했다.[70] 역사학의 제1원칙인 사료 검증조차도 하지 않은 채 후대에 만들어진 자료를 가지고 당시의 역사를 운운한, 매우 무책임한 태도라 하지 않을 수 없다. 이러한 태도는 선행 연구에 대한 비판적 검토를 하지 않은 채 개론서를 집필하는 사람들에게서 흔히 발견되는 오류다.

이덕일도 이러한 연구 태도를 취하는 대표적인 인사다. 그는《세상을 바꾼 여인들》에서 허왕후를 수로와 함께 금관가야국의 공동 시조로 치켜세웠는데, 그 근거는 오로지《삼국유사》에 나오는 설화들뿐이다. 사료에 대해서는 전혀 분석하지 않은 채 그 이야기를 역사적 사실로 전해주는 기술이다. 또한 이덕일은 수로왕과 허왕후를 조선시대에 만들어진 설화를 사료로 삼아 '장남은 남편 수로왕을 따라 김해김씨가 되게 하고, 차남은 자신의 성을 따라 김해허씨가 되게 했던 고대판 평등부부의 전형'이라고 해석하기까지 했다.[71]

나아가 이덕일은 허왕후 이야기와 유물들은 불교가 처음 한국으로 전해진 것이 (북방 중국에 의해서가 아닌) 허왕후를 통해서였음을 보여준다는 해석이 오랫동안 있어왔다는 식으로 학계의 연구사까지 왜곡하기도 했다.[72] 허왕후 신화와 남방불교 전래설에 대한 비판적 연구가 이미 여러 학자들에 의해 활발하게 이루어졌음에도 그러한 연구들에 대해서는 일언반구 언급도 없이 얼버무린다. 그러면서 무책임한 주장을 한국사에 대한 지식이 일천한, '위대한 인도'를 외치는 인도의 여러 민족주의자들 앞에서 발표한다. 매우 위험한 일일 수밖에 없다.

허왕후와 관련하여 불교의 남방 전래설을 주장하는 또 하나의 학자로 무함마드 깐수(정수일)를 들 수 있다. 그는 서아시아와 신라 사이의 교역이나 실크로드 교역에 대해서는 전문가적 식견을 가지고 있는 정통 역사학자다. 반면 허왕후 설화의 비판적 해석에는 무지하다. 그럼에도 사이비 역사학자의 의견을 무비판적으로 받아들임으로써 자신의 학문적 업적의 권위를 크게 손상시킨다.

그는 〈한국불교남래설 시고〉라는 논문에서 허왕후가 인도에서 왔다는 것, 수로가 왕위에 오른 뒤 임시 궁전의 남쪽 신답평을 보면서 16나한이 살 만한 곳이라고 했다는 것, 만어산의 독룡과 나찰녀 이야기 등[73] 수로왕 시대 이후에 삽입되어 《삼국유사》에 실린 전형적인 불교 설화를 불교가 남방에서 전래되었음을 보여주는 근거로 든다. 나아가 조선시대에 만들어진 수로의 열 왕자 이야기, 심지어 이종기의 주장까지 남방불교 전래설의 근거로 삼는다. 역사적 사실과는 아무런 관계가 없는 불교의 여러 설화들을 사실로서의 역사를 보여주는 근거로 삼는 오류를 범한 것이다.

설화가 역사적 실체를 갖는 신화가 될 때

이러한 과정을 거치면서 가야사에 관심을 가진 가야사 비非전공자들 사이에서 이종기와 김병모의 의견은 큰 의심 없이 받아들여졌다. 특히 김병모의 주장이 언론을 통해 알려지면서 그의 이론은 마치 전범처럼 수용되었다. 사실, 역사학을 하는 사람이든 고고학을 하는 사람이든 민속학을 하는 사람이든 관계없이 그의 몇 안 되는 논문들을 진지하게 읽어보면 논지가 얼마나 황당한지, 얼마나 비논리적으로 전개되는지 금세 알 수 있다. 가야사나 인도사를 모르기 때문에 자세한 내용은 잘 모른다 할지라도 그 주장이 얼마나 비논리적이고 근거가 없는지는 인문 사회과학 연구자라면 누구나 알 수 있을 것이다.

그렇지만 한국의 학계는 침묵으로 일관했다. 많은 역사학자, 국문학자, 민속학자, 재야사학자 등은 통렬히 반성해야 한다. 김병모는 1994년에 《김수로왕비 허황옥》이라는 기행문을 낸 후 논문은 일절 발표하지 않은 채 언론을 통해 허왕후가 인도에서 왔다는 주장을 되풀이했다. 한국인의 민족 자부심 콤플렉스 때문인지, 사대문화 콤플렉스인지는 모르겠으나 그의 주장은 한국 사회에 삽시간에 퍼져 오늘에 이른다.

김병모는 2008년 《허황옥 루트》라는 역사 기행문을 출간했다. 내용은 1994년도에 출간된 《김수로왕비 허황옥》과 거의 같은데 책의 체제만 바뀌었다. 그의 언론 활용은 끊임없이 이어졌고, 그 덕분에 허왕후 신화는 더 널리 알려지고 있다. 김해 지역의 공공 기관은 허왕후 신화를 김해의 정체성과 결부시키면서 김해 지역의 관광 상품으로 발전시

[그림 14] 김해 시내 쌍어문

현재 김해시는 허왕후가 인도에서 시집왔다는 신화를 실체화하여 여러 가지 행사를 열면서 시 관광 진흥의 좋은 소재로 삼고 있기 때문에 김해 시내 곳곳에는 이러한 쌍어문이 새겨져 있다.

키는 일에 매진하게 된다. 2002년 부산아시안게임에서는 허왕후의 도래 이야기가 개막식에서 화려한 행사로 올려지기까지 했다.

설화를 문화 행사의 일환으로 활용하는 것에 반대하고 싶은 생각은 추호도 없다. 설화 또한 고유의 가치가 있는 문화 자산이고, 문화 행사가 반드시 역사적 사실로만 이루어지는 것이 아니기 때문이다. 그렇지만 설화는 문학이나 예술을 구성하는 하나의 요소로서, 이야기로서의 문화 자산이라는 가치를 가질 뿐이다. 설화를 역사적 실체로 인정할 경우 문제는 달라진다.

설화가 역사적 실체를 가지게 될 때 그것은 역사를 특정 방향으로 추동해나가는 힘을 확보하게 된다. 그렇게 되면 왜곡된 역사가 무서운 영향력을 발휘할 수 있다. 나치의 아리야인 신화가 좋은 예다. 역사적으로 아무런 근거가 없는 아리야인 신화로 인해 얼마나 많은 유대인들이 몰살당했는지에 대해 우리는 익히 알고 있지 않은가.

고대 사제와 근현대 학자들의 '역사 만들기'

한국 고대사를 연구하는 이들 중 수구 민족주의에 심취해 고대 한국이 중국 대륙, 심지어는 세계 전체를 지배했다거나 만주야말로 한국의 고유 영토이고 한국 고대사의 중심이라는 식의 주장을 제기하는 사람들이 있다. 이 같은 주장과 비교할 때 허왕후 신화가 한국사와 사회에 직접 끼치는 폐해는, 나치의 아리야인 신화만큼 크지는 않겠으나 무시하고 넘어갈 수준도 아니다. 사이비 역사학 하는 한국 사람들의 위대한 인도, 세계 문명의 요람 인도라는 주장을 인도에서 역사적 사실을 뒷받침해주는 근거로 악용할 수 있다는 점을 고려하면 충분한 주의가 필요한 주장이다.

허왕후 신화가 확장되어가는 과정을 통해 과거나 지금이나 '역사 만들기'는 사제와 학자들에 의해 이루어지고 있다는 사실을 알게 된다. 또한 근대에는 학자가 신화 만들기에 앞장선다는 점에서 보면 학자를 고대의 사제라고 해도 과언이 아님을 알게 된다. 역사학이란 과거의 사실에 대해 객관적 실체를 찾는 것이라고 할 수는 없지만, 적어도 허위와 날조와 왜곡이 어떻게 이루어졌는지를 밝혀낸다는 점에서 만들어진 신화에 대한 싸움이라고는 할 수 있을 것이다.

허왕후 신화는 민족주의와 국민 콤플렉스가 존재하는 한, 역사학자들이 자신의 연구 분야 외에 관심을 쏟지 않거나 남이 한 연구를 무비판적으로 인용하면서 의심의 눈초리와 비판력을 상실하는 한, 앞으로도 계속 살아서 움직일 것이다. 그리고 종국에는 통제 불가능한 괴물로 변할 수도 있을 것이다. 역사에 대한 왜곡과 싸움은 학자들의 연구실에서도 이루어지지만 대중의 세계에서 더 심각하게 일어난다. 역사학 연구는 연구실에서 이루어지지만 대중을 향해야 한다. 연구실 책상 앞에서 연구하는 교수가 연구에만 전념할 뿐 대중화에 별 관심이 없을 때, 일단의 정치 세력은 역사를 왜곡하여 정치 무기로 삼는다.

사회과학적 역사관 대 문학적 역사관

역사는 객관적 사실을 담보하지 못한다. 어떤 사건이 어떻게 일어났느냐를 넘어 과연 일어나긴 했느냐의 문제까지, 보는 사람에 따라 달리 기술될 수밖에 없다. 사건을 목격했다고 해서 사건의 객관적 실체를 드러낼 수 있는 것은 아니다. 영화 〈라쇼몽〉이 잘 보여주듯, 진실이란 각자의 시각에 따라 달리 기술된다. 보고 싶은 것만 보고, 기억하고 싶은 것만 기억하는 경우가 허다하다. 감성과 이성 그리고 자신의 위치와 시각을 갖춘 인간에게 객관이라는 것은 애초에 존재할 수 없는 것이다. 객관이란 근대가 만들어낸 하나의 신화일 뿐이다.

오래전부터 몇몇 사람들은 목격과 증거 그리고 객관으로 지나간 과거를 기록하려고 했지만, 그 객관이라는 것을 이룬 사람은 없다. 사건을 기록하려는 자, 사건을 목격한 자는 자신만의 경험과 시각 그리고 감정을 갖고 있다. 그것으로부터 벗어나 객관이라는 것을 달성해낼 수는 없다. 이성을 중심으로 사회과학적으로 기술하는 역사도 있겠지만 감성을 바탕으로 문학적으로 기술하는 역사도 있다. 근대 서구의 역사 인식이 전형으로 널리 받아들여지는 현 상황에서는 전자가 후자보다 과거의 사실을 더 분명하게 기술한다고 말하는 것이 일반적이다. 하지만 그렇다고 그것이 모든 사람, 모든 분야의 역사를 객관적으로 재구성하는 것은 아니다. 역사를 재구성하는 어떤 이의 가치관에 따라 역사적 사실로 의미 있다고 선택된 부분을 재구성할 뿐이다. 그것이 모든 역사를 대표할 수는 없다. 그것이 과거의 일을 과학적으로 논증하는 부분이 있는 것이 사실이지만 그렇지 않은 부분도 분명히 있다.

역사가 문학적 이야기일 수도 있다. 역사를 논리적이고 이성적으로 재구성하는 것이 아니라 이야기로서 재구성할 수도 있다는 것이다. 목격과 근거에 따라 논증되는 것이 아니라 추론과 창작에 의해 재구성될 수도 있다는 것이다. 이성이 담을 수 없는, 다수가 담을 수 없는 지나간 과거를 문학적으로, 이야기로 재구성하는 것이다. 카E. H. Carr 등 근대 서구 역사학자들의 역사 인식이 사회과학적 역사관의 대표적인 예라면 고대 인도인들이 갖는 신화로서의 역사 인식은 문학적 역사관의 좋은 예다.

신화에서 역사 끄집어내기

이성적으로 근거에 따라 실제 역사를 재구성하는 것이 사실의 역사임에는 틀림없다. 반면, 신화는 사실 그 자체는 아니다. 특정 방식으로 해석하고 받아들이고 믿을 뿐이다. 신화는 그 자체로서 충분한 가치가 있지만 사실로 존재했던 것은 아니다. 신화에서 말하는 것이 사실을 기술하는 것보다 더 가치 있을 수도 있다. 하지만 그렇다고 해서 만들어진 이야기를 실제 있었던 사실로 받아들이라고 해서는 안 된다. 신화를 해석해보면 그 안에 역사적 의미가 용해되어 있다. 가능한 범위 내에서 그 사실로서의 역사를 추출할 수도 있다. 하지만 그 이야기가 모두 실제의 사건은 아니다.

신화가 역사성을 담지하고 있다고 해서 그것을 모두 역사로 받아들여야 한다고 주장하는 것은 신화는 모두 허구일 뿐이라고 주장하는 것만큼 어리석은 짓이다. 신화는 장구한 시간 속에서 많은 사람들이 만들어낸 이야기들이 모여 있는 장이다. 신화는 특정 시대의 사람들이 어떤 사건을 두고 비이성적으로 해석해놓은 이야기들을 모은 것이다. 따라서 당대의 맥락을 잘 분석해보면 드러나지 않은 실제의 역사적 사실을 추출할 수 있기도 하지만 그렇지 못할 수도 있다.

신화는 당대 사람들이 자신들의 바람을 자신들의 방식대로 해석해놓은 것들이다. 신화를 통해 당대 사람들의 의식의 역사를 추출할 수 있는 것은 이런 이유에서다. 신화를 지금의 우리가 들어보면 마치 한 시대에 만들어진 것처럼 보인다. 하지만 사실은 그 안에 매우 많은 층위가 있다. 시간에 따라, 장소에 따라, 역사적 상황에 따라, 서로 다른 버전들이 달리 만들어지고, 상호 모순적으로 하나의 거대한 몸을 이루기도 한다.

설화는 형성과 전승의 과정에서 끊임없이 변모를 거듭하기 때문에 그 층위를 분명하게 구분해내기가 매우 어렵다. 서로 다른 층위로부터 해당 시대의 역사적 맥락을 추출해내는 것은 여간 어려운 일이 아니다. 그럼에도 설화를 사료로 삼아 역사 재구성을 시도하는 것은 설화가 문헌 사료가 담지 못하는 어떤 역사성을 보여주기 때문이다. 따라서 신화를 이야기로서 이해하려면 그냥 그대로 받아들이면 되지만, 그것으로부터 실재하는 역사적 사실을 추출해내려면 매우 면밀히 분석해야 한다. 신화를 실제 있었던 역사적 사실로 이해하고 실재하는 것으로 치부해서는 안 된다. 그것은 명백한 역사 왜곡이자 사이비 학문이다.

전통 시대에 신화를 만드는 역할을 한 사람들은 사제였다. 지금은 학문이 그 역할을 한다. 학문은 주석이라는 가피를 통해 더욱 교묘한 신화를 만든다. 이 시대에 학문을 하는 사람은 사제이기도 하다. 그들은 어떤 필요성에 의해 신화를 만들고 퍼뜨린다. 하지만 역사학자는 그 신화myth로부터 실재reality를 추출해내야 한다. 그것이 소명이다.

주석

[1] 이 신화를 처음 기록한 〈가락국기〉에는 줄곧 '허왕후'라고 표기되어 있다. 그런데 이 〈가락국기〉를 편찬한 고려 문종조 금관지주사金官知州事 문인이 수로의 8대손 김질왕을 평하는 자리에서는 '허황후'라고 나온다. 이는 애초의 왕후를 격상시키는 표현이므로 학술 용어로는 '왕후'가 더 적합하다.

[2] 신라 제24대 진흥왕眞興王이 왕위에 오른 지 14년인 계유 2월에 용궁龍宮 남쪽에 대궐을 지으려고 했는데, 황룡이 그 땅에서 나타났기 때문에 절로 바꾸어 짓고 황룡사皇龍寺라 했다. 기축년에 담장을 쌓아 17년 만에 완성했다. 얼마 되지 않아 바다 남쪽에서 커다란 배 한 척이 나타났는데, 하곡현河曲縣 사포絲浦에 정박했다. 이 배를 조사해보니 이러한 내용의 공문이 있었다. "서축西竺 아육왕阿育王이 황철 5만 7,000근과 황금 3만 푼을 모아(혹은 3만 7,000근이라고도 한다. 다른 전에서는 철이 4만 7,000근이고 금이 1,000냥이라 했는데 잘못인 듯하다) 석가삼존상釋迦三尊像을 만들려고 했지만 이루지 못했다. 그래서 배에 실어 바다에 띄우면서 축원하기를, '부디 인연 있는 나라에 가서 장육존丈六尊의 모습을 이루기를 바랍니다'라고 했다." 그리고 부처상 하나와 보살상 둘의 모형도 함께 실려 있었다. 하곡현의 관리가 이러한 사실을 문서로 아뢰었다. 왕은 그 현의 성 동쪽에 높고 밝은 땅을 골라 동축사東竺寺를 창건하고 세 불상을 모시게 했다. 그리고 금과 쇠는 서울로 운반해 와 대건大建 6년 갑오 3월에 장육존상을 주조했는데 단 한 번에 성공했다. 무게는 3만 5,007근으로 황금 1만 198푼이 들어갔고, 두 보살에는 철 1만 2,000근과 황금 1만 136푼이 들어갔다.

[3] 신라 월성城東 동쪽 용궁龍宮의 남쪽에는 가섭불迦葉佛의 연좌석宴坐石이 있는데, 이곳이 바로 전불前佛 시대의 절터다. 지금 황룡사皇龍寺가 있는 곳은 일곱 개의

절 가운데 하나다. 《국사國史》를 살펴보면, 진흥왕眞興王이 왕위에 오른 지 14년인 개국開國 3년 계유 2월에 월성月城 동쪽에 신궁神宮을 지었는데, 여기서 황룡皇龍이 나타났다. 왕은 이를 이상하게 여기고, 신궁을 고쳐 황룡사로 삼았다. 연좌석은 불전 뒷면에 있었다. 돌의 높이는 5~6척 정도였고, 둘레는 겨우 세 아름이지만 우뚝 서 있었고 그 위는 평평했다. 진흥왕이 절을 세운 이래로 두 번이나 불이 나 돌이 갈라진 곳이 있었다. 절의 승려가 쇠를 붙여서 돌을 보호했다.

4 제27대 선덕왕善德王이 왕위에 오른 지 5년째인 정관貞觀 10년 병신에 자장법사慈藏法師가 중국으로 유학 갔는데, 오대산에서 문수보살에게 불법을 전수받았다. 문수보살은 이렇게 말했다. "너희 나라 왕은 바로 인도의 찰리종刹利種으로 이미 불기佛記를 받았다. 특별한 인연이 있으므로 동이東夷의 공공共工족과는 다르다. 산천이 험하기 때문에 사람들의 성격이 거칠고 사나우며 미신을 많이 믿어서 때때로 하늘의 신이 재앙을 내리기도 한다. 그렇지만 다문비구多聞比丘가 나라 안에 있기 때문에 임금과 신하들이 편안하고 백성이 평화로운 것이다.

5 《삼보감통록三寶感通錄》에 이러한 글이 실려 있다. 고구려 요동성遼東城 옆에 있는 탑에 대해 옛날 노인들이 전하는 말이 있으니 이러하다. 옛날 고구려 성왕聖王이 국경 지역을 순행하다가 이 성에 이르렀다. 오색구름이 땅을 뒤덮은 것을 보고는 그 구름 속으로 들어갔더니, 어떤 승려가 지팡이를 짚고 서 있었다. 그런데 가까이 가면 사라지고 멀리서 보면 다시 나타나는 것이었다. 그 승려 옆에는 삼층 흙탑이 있었는데, 위는 솥을 덮은 것 같았지만 무엇인지는 알 수 없었다. 그래서 다시 가서 승려를 찾았지만 황량한 풀만 있었다. 그곳을 한 길 정도 파보았더니 지팡이와 신이 나왔고 더 파 들어가자 명銘이 나왔는데, 명 위에 산스끄리뜨 글이 있었다. 옆에서 모시던 신하가 그 글을 알아보고 불탑이라고 했다. 왕이 자세히 묻자 그 신하가 대답했다. "한漢나라 때 있었던 것입니다. 그 이름은 포도왕蒲圖王입니다." 이 일로 인해 왕은 신앙심이 생겨서 7층 목탑을 세웠다. 그 뒤에 불법이 이르러서야 그 전말을 자세히 알게 되었다. 지금은 다시 탑의 높이가 줄었는데 목탑이 썩어 부서졌기 때문이다. 아육왕阿育王이 통일했다는 염부제주閻浮提洲에는 곳곳에 탑을 세웠으니, 괴이하게 여길 일이 못된다. 동명성제는 전한前漢 원제元帝 건소建昭 2년

에 왕위에 올라서 성제成帝 홍가鴻嘉 임인년에 세상을 떠났으니, 그때는 한나라에서도 불경을 보지 못했는데, 어떻게 해외의 신하가 산스끄리뜨 글을 알아보았겠는가? 그러나 부처를 포도왕이라고 한 것으로 보아, 서한西漢 때에도 서역 문자를 아는 사람이 있어서 산스끄리뜨 글이라고 했을 것이다.

[6] 이영식, 〈가야불교의 전래와 문제점〉, 《가야문화》 11호, 1998, 79쪽.

[7] 김태식, 〈駕洛國記 소재 허왕후 설화의 성격〉, 《한국사연구》 102집, 1998, 7쪽.

[8] 김태식, 《가야연맹사》, 일조각, 1993, 71~72쪽.

[9] 정중환, 〈가락국기의 문헌적 고찰〉, 《가야문화》 3, 1990, 383쪽.

[10] 이영식, 〈〈駕洛國記〉의 史書的 檢討〉, 《강좌 한국고대사》 5권, 가락국사적개발연구원, 2002, 187~190쪽.

[11] 김태식, 〈駕洛國記 소재 허왕후 설화의 성격〉, 9쪽.

[12] 김태식, 〈駕洛國記 소재 허왕후 설화의 성격〉, 28쪽.

[13] 此中更有戱樂思慕之事每以七月二十九日土人吏卒陟乘岵說惟幕酒飮歡呼(《三國遺事》 卷2 紀異2 駕洛國記).

[14] 김영태, 〈가락불교의 전래와 그 전개〉, 《불교학보》 27호, 1990, 24쪽; 이영식, 〈가야불교의 전래와 문제점〉, 《가야문화》 11, 1998. 85쪽.

[15] 이영식, 〈가야 불교의 전래와 문제점〉, 80쪽.

[16] 대표적인 연구물로는 무함마드 깐수, 〈한국불교남래설 시고〉, 《史學志》 22, 단국대학교사학회, 1989; 김영태, 〈가락불교의 전래와 그 전개〉, 1990; 홍윤식, 〈가야불교에 대한 제문제와 그 사적 위치〉, 《가야고고학논총》, 가락국사적개발연구원, 1992; 김영태, 〈가야불교의 사적 고찰〉, 《가야문화》 10호, 1997 등이 있다.

[17] 이영식, 〈가야불교의 전래와 문제점〉, 99~110쪽.

[18] 특히 이 가운데 접촉이나 연계와 관련하여 중요한 역할을 하는 것이 아쇼까의 탑이다. 전승에 의하면 아쇼까는 붓다 사후 조성된 스뚜빠(탑)를 열어 그 유골을 8만 4,000개로 잘게 나누어 전 세계에 불탑을 세웠다고 한다. 그런데 8만 4,000이라는 숫자는 고대 인도 특유의 상징숫자로 빛나는 어떤 것, 즉 별, 붓다, 현인賢人, 강 등을 나타내는 숫자 일곱과 12진법의 최대 숫자인 12를 곱하여 그 백 배를 나타내는

숫자로 빛나는 것이 무한대로 많다는 의미를 띤다. 8만 4,000개의 아쇼까 스뚜빠 설화 덕분에 네팔, 중국 등은 물론이고 고대 한국에도 나타났다. 《삼국유사》의 요동 육왕탑이 좋은 예다. 한국의 설화에는 요동 육왕탑 외에 금강산과 전남 장흥 천관산의 아육왕탑이 있다.

[19] R. S. Sharma, *Urban Decay in India* (Delhi: Munshiram Manoharlal, 1987), p. 33.

[20] H. B. Sarkar, "The Ramayana in South-East Asia: A General Survey", K. R. Srinivasa Iyengar ed., *Asian Variations in Ramayana* (Delhi: Sahitya Academi, 1983), p. 207.

[21] 정경희, 〈삼국시대 사회와 불경의 연구〉, 《한국사연구》 63집, 1988, 46쪽.

[22] 일연은 이 돌이 《본초》에서 닭 벼슬의 피를 찍어서 실험했다는 그 돌이라며 우리나라에서 나는 돌이 아니라고 했으나 일연의 착각일 가능성이 크다. 고대부터 김해 지역이 철의 주산지였다는 사실을 상기하면 이 지역에서 이런 붉은 색 돌이 존재할 가능성은 크다(이 의견은 인도 뿌네Pune의 데칸대학Deccan College Post Graduate and Research Institute에서 고고학 박사 과정을 밟고 있는 김용준 씨의 조언에 힘입었다). 일연은 전술했다시피 불교사관을 장착한 승려로 세상의 사건을 기이의 정서로 해석하는 시각을 가진 사람이다. 따라서 그의 해석이 객관적 사실의 전거가 될 수는 없다.

[23] 妃許氏漢光武建武甲辰浮海而來自云南天竺國公主姓許名黃玉(《慶尙道地理志》 晉州道 金海都護府).

[24] 首露王妃南天竺國公主許黃玉諡普州太后陵在附北三山里龜旨山(《慶尙道續纂地理志》 晉州道 金海).

[25] 대표적인 예가 인도 고대 마우리야조의 왕 아쇼까다. 아쇼까는 중국에서의 진시황과 마찬가지로 인도아대륙의 모든 지역을 제국 정부 손 안에 넣어 통일했다. 그런 그에게 가장 중요한 것은 기득권 세력 억압이었다. 진시황에게 기득권자는 유학자였고 그것을 억압하는 도구는 유가와 여러 면에서 크게 다른 법가 사상이었다. 그는 법가로 이데올로기를 통일했고 유가를 분서갱유로 억압했다. 이런 점에서 그를 법가의 옹호자로 해석하는 데에는 아무런 이의가 없다. 반면 아쇼까에게 기득권자는 브라만이었지만, 그는 그들을 억압하기 위해 불교를 직접적인 도구로 사용하지 않았다. 그는 브라만교를 비롯한 불교, 자이나교 등 당시 인도의 모든 사상과 종교

가 공통으로 가지고 있던 다르마, 즉 법과 도리를 통해 브라만의 독점적 지위를 약화시키려 했다. 아쇼까는 왕은 아버지고 백성은 자식이니 백성은 왕을 믿고 그에게 복종하라고 했다. 그것이 다르마, 즉 도리라고 했다. 모든 백성은 브라만뿐만 아니라 불교 승려를 비롯한 모든 종교의 사제를 똑같이 섬기라고도 했다. 즉 브라만에게만 물질을 바치지 말고 다른 스승에게도 물질을 바치는 것이 도리라고 한 것이다. 종은 주인을 섬기고, 각 카스트는 각자에게 주어진 의무를 성실히 수행하는 것이 바로 법과 도리라고 했다. 그 안에는 사회를 안정적으로 유지하되 브라만을 견제하고자 하는 뜻이 강하게 담겨 있었다. 그는 불교의 교리를 따르는 사람이 아니었고 단순히 불교 교단을 지원해 브라만교를 억압했을 뿐이었다. 하지만 모든 불경은 아쇼까를 호법, 즉 불교를 보호하는 왕, 불교의 이상군주 등으로 추앙했다. 그러면서 인도는 오랫동안 불교의 나라로 인식되었다.

[26] 許王后陵在龜旨山東世傳王妃阿踰陁國王女或云南天竺國王女姓許名黃玉號普州太后(《新增東國輿地勝覽》 第三十二卷 金海都護府 陵墓).

[27] 김태식, 〈김해 수로왕릉과 허왕후릉의 보수과정 검토〉, 《한국사론》 41·42, 1999, 50쪽.

[28] 葬於龜旨東北塢(《三國遺事》 卷2 紀異2 駕洛國記).

[29] 송준호, 〈한국에 있어서의 가계기록의 역사와 그 해석〉, 《역사학보》 87, 1980, 129~130쪽.

[30] 에드워드 와그너, 손숙경 옮김, 〈역사 자료로서의 한국 족보〉, 《인문과학연구》 5, 동아대학교, 1999, 169쪽.

[31] 권내현, 〈숙종대 지방통치론의 전개와 정책운영〉, 《역사와 현실》 25, 1997, 101쪽.

[32] 配許氏娠男子十人. 王賜三人姓從外家(《頤庵集》 제4권 〈贈吏曹參判許公神道碑銘〉).

[33] 에드워드 와그너, 〈역사 자료로서의 한국 족보〉, 172쪽.

[34] 玉浮仙人隱于此吹玉笛得聞於新羅王耳王尋其聲乃金輪寺也於是率其七子與仙人同遊七子則成佛(《晋陽誌》 卷二 五十八).

[35] 초간은 1800년에 이루어진 것으로 보이나 전하지 않고 1851년에 간행한 중간본이 전한다(김태식·이익주 엮음, 《가야사사료집성加耶史史料集成》, 가락국사적개발연구원,

1992, 515~516쪽).

[36] 이능화, 《조선불교통사朝鮮佛教痛史》 상·중편, 경인문화사, 2000, 204쪽 재인용.

[37] 김병모, 《허황옥 루트》, 위즈덤하우스, 2008, 44쪽.

[38] …… 山靈王感其靈異以明月山後命建寺三所以興鎭新三字弁 于國而扁之永爲邦家祝釐之所 …… 重修時于得一瓦於頹垣下背有建康元年甲申三月藍色等字且長遊和尙自西域奉佛法而來王之重道崇佛亦可驗.

[39] 권덕영, 《한국의 역사 만들기, 그 허상과 실상》, 새문사, 2015, 42~43쪽.

[40] 송준호, 〈한국에 있어서의 가계기록의 역사와 그 해석〉, 116쪽.

[41] 한국어판 위키피디어의 '허왕후' 항목은 다음과 같다. "허황옥許黃玉(33~189)은 가락국의 초대 왕인 수로왕의 부인으로, 허황후 또는 보주태후라고도 한다. 아유타국(월지국)의 공주로, 48년에 오빠 장유화상 및 수행원들과 배를 타고 가락국에 와서 왕후가 되었다. 거등왕을 비롯해 아들 10명을 낳았다."

[42] 김영태, 〈가야불교의 사적 고찰〉, 5쪽.

[43] 백금숙, 〈19세기 불교계의 동향과 국가의 정책〉, 고려대학교 석사학위논문, 2000, 44쪽.

[44] 김준혁, 〈조선 후기 정조의 불교 정책〉, 중앙대학교대학원 석사학위논문, 1998, 36쪽.

[45] 백승충, 〈녹산 문화 유적 학술 조사 보고〉, 《한국민족문화》 4, 1991년 12월, 297쪽.

[46] 이호진, 〈2014 부산, 우리가 잊고 지내는 것들—9. 오래된 미래, 다문화〉, 《부산일보》 2015년 5월 12일.

[47] 김병모, 《허황옥 루트》, 196쪽.

[48] 豈徒到岸扶黃玉千古南倭遏怒鯨(《三國遺事》〈金官城婆娑石塔〉).

[49] 김종명, 《한국중세의 불교의례: 사상적 배경과 역사적 의미》, 문학과지성사, 2001, 25쪽.

[50] 김종명, 《한국중세의 불교의례: 사상적 배경과 역사적 의미》, 279~80쪽.

[51] 이종기, 《가야공주 일본에 가다》, 책장, 1995, 143쪽.

[52] 고준환, 〈한국 불교의 가야 초전〉, 김시우 엮음, 《가락불교와 장유화상》, 가락불교 장유종 불조사, 1999, 175쪽.

[53] 김병모는 1987년에 〈가락국 허황옥의 출자—아유타국고 (I)〉(《삼불김원룡교수정년퇴임기념논총》 I, 고고학편, 일지사), 1988년에 〈고대 한국과 서역관계—아유타국고 (II)〉(《한국학논총》 14, 한양대학교), 1992년에 〈가락국 수로왕비 탄생지〉(《한국상고사학보》 9) 등의 논문을 발표했다. 그는 자신의 주장 대부분을 토대가 된 이종기의 의견에 허명철의 주장을 일부 윤색하여 발전시켰다. 그런데 자신의 주장을 논문으로 발표한 경우에도 주석을 거의 달지 않아 근거가 무엇인지 알 수 없게 했다. 그런 형식도 갖추지 못한 글을 논문으로 게재한 학계가 한심스럽다. 또 근거조차 없는 이 같은 주장까지 하나의 학설로 간주하면서 인용하는 연구자들도 한심스럽기는 마찬가지다. 그는 학계에서 몇몇 비판이 나온 이후에도 《김수로왕비 허황옥》(조선일보사, 1994)이라는 수필도 아니고 기행문도 아닌 정체불명의 글과 인터뷰 묶음집을 통해 지속적으로 의견을 개진했다. 그는 허왕후의 선조들이 인도에서 미얀마 쪽 밀림을 지나 중국의 사천 성으로 건너가 있었고 허왕후는 그곳에서 태어난 후 난리가 나자 가락국으로 이주했다는 식으로 이론을 펼쳤다. 그러나 때로는 허왕후가 인도에서 직접 바다를 통해 건너갔다는 식으로 인터뷰하기도 했다. 중국으로 건너간 루트도 말할 때마다 달라졌으니 때로는 미얀마 쪽이 아닌 간다라 쪽으로 이동했다고도 했다. 학문적 주장이라 할 수 없을 정도로 일관되지 않다. 그럼에도 영향력은 지대하다. 일반 대중에 대한 영향력은 학문보다는 사이비 학문이 더 큰 경우가 많기 때문이다.

[54] 허명철, 《가야불교의 고찰》, 종교문화사, 1987, 98쪽.

[55] 김병모, 《허황옥 루트》, 197쪽.

[56] 이헌재, 〈쌍어문의 분포와 상징〉, 《경기사론》 제2집, 1998, 5~8쪽.

[57] 이종기, 《가락국탐사》, 일지사, 1977.

[58] 김병모, 〈가락국 허황옥의 출자—아유타국고 (I)〉, 677~678쪽.

[59] 이종기, 《가락국탐사》, 90쪽.

[60] 김병모, 〈가락국 허황옥의 출자—아유타국고 (I)〉, 674~675쪽.

[61] 김병모, 〈가락국 수로왕비 탄생지〉, 201~203쪽.

[62] 이광수, 〈고대 인도-한국 문화 접촉에 관한 연구: 가락국 허왕후 설화를 중심으로〉, 《비교민속학》 10, 1994; 김영태, 〈가야불교의 사적 고찰〉, 1997; 김태식, 〈駕洛

國記 소재 허왕후 설화의 성격〉, 1998; 김태식, 〈김해 수로왕릉과 허왕후릉의 보수 과정 검토〉, 1999.

[63] 목정배, 〈가락불교 장유종 불조사〉, 김시우 엮음, 《가락불교와 장유화상》, 73쪽.

[64] 고인석·신영식, 〈한국 남동부 고령 지역 백악기 사암의 화학 조성〉, 《한국지구과학회지》 16집 5권, 1995, 418쪽.

[65] http://news.naver.com/main/read.nhn?mode=LSD&mid=sec&sid1=103&oid=032&aid=0000080453

[66] Anand K. Sahay ed., *The Republic Besmirched: 6 December 1992* (New Delhi: Safdar Hashmi Memorial Trust, 2002), p.127, 139.

[67] 나는 한국어 전문가가 아니기 때문에 한국어가 기존의 우랄 알타이 계통의 언어인지, 일각에서 주장하는 드라비다어 계통의 언어인지에 대해서는 특별한 의견을 내놓지 않겠다. 다만 드라비다어 계통론을 주장하는 사람들이 한국어와 드라비다(따밀)어가 상당수의 동일 음가를 가진 어휘를 가지고 있다는 점을 근거로 내세우는 것이라면 그 의견에 동의할 수가 없다. 그렇게 따지면 한국어가 인도유럽어(영어)와 계통적 친연성을 가지고 있다고도 볼 수 있다. '똥'은 dung과, '푸르다'는 'blue'와, '많이'는 'many'와 같지 않은가라고 주장하면 뭐라 답할 것인가? 남부 인도를 여행하고 온 많은 사람들이 그 지역 사람들도 우리와 똑같이 엄마, 아빠라 한다고 하는 말을 학문적 주장이라고 할 수는 없다. 마ma와 빠pa 음가는 수많은 세계 언어에서 엄마와 아빠의 어휘로 쓰인다.

[68] 김병모, 《허왕후 루트》, 59~60쪽.

[69] 이이화, 《한국사 이야기 2》, 한길사, 1998, 130~132쪽.

[70] 이이화, 《한국사 이야기 2》, 136쪽.

[71] 이덕일, 《세상을 바꾼 여인들》, 옥당, 2009, 271쪽.

[72] Lee Dukil, "Historical Issue of Heo Hwang-ok (Queen of Gaya)", *Shared Heritage-as New Variable in the Indo-Korean Relations: Historicizing the Legend of the Princess from Ayodhya and its Historicity* (New Delhi: Indian Council of Cultural Relations, 2015), p. 17.

[73] 무함마드 깐수, 〈한국불교남래설 시고〉, 18~21쪽.

참고문헌

《경상도속찬지리지慶尙道續纂地理志》

《경상도지리지慶尙道地理志》

《삼국사기三國史記》

《삼국유사三國遺事》

《신증동국여지승람新增東國輿地勝覽》

《이암집頤庵集》

《진양지晋陽誌》

《한글대장경》

강종훈 편역, 《숭선전지崇善殿誌》, 숭선전, 1999.

깐수, 무함마드, 〈한국불교남래설 시고〉, 《史學志》 22, 단국대학교사학회, 1989.

고인석·신영식, 〈한국 남동부 고령 지역 백악기 사암의 화학 조성〉, 《한국지구과학회지》 16집 5권, 1995.

고준환, 〈한국 불교의 가야 초전〉, 김시우 엮음, 《가락불교와 장유화상》, 가락불교 장유종 불조사, 1999.

권내현, 〈숙종대 지방통치론의 전개와 정책운영〉, 《역사와 현실》 25, 1997.

권덕영, 《한국의 역사 만들기, 그 허상과 실상》, 새문사, 2015.

김병모, 〈가락국 수로왕비 탄생지〉, 《한국상고사학보》 9, 1992.

______, 〈가락국 허황옥의 출자—아유타국고 (I)〉, 《삼불김원룡교수정년퇴임기념논총》 I, 고고학편, 일지사, 1987.

______, 〈고대 한국과 서역관계—아유타국고 (II)〉, 《한국학논총》 14, 한양대학교,

1988.

______, 《김수로왕비 허황옥》, 조선일보사, 1994.

______, 《허황옥 루트》, 위즈덤하우스, 2008.

김영태, 〈가락불교의 전래와 그 전개〉, 《불교학보》 27호, 1991.

______, 〈가야불교의 사적 고찰〉, 《가야문화》 10호, 1997.

김종명, 《한국중세의 불교의례: 사상적 배경과 역사적 의미》, 문학과지성사, 2001.

김준혁, 〈조선 후기 정조의 불교 정책〉, 중앙대학교대학원 석사학위논문, 1998.

김태식, 〈駕洛國記 소재 허왕후 설화의 성격〉, 《한국사연구》 102집, 1998.

______, 〈김해 수로왕릉과 허왕후릉의 보수과정 검토〉, 《한국사론》 41·42, 1999.

______, 《가야연맹사》, 일조각, 1993.

김태식·이익주 엮음, 《가야사사료집성加耶史史料集成》, 가락국사적개발연구원, 1992.

목정배, 〈가락불교 장유종 불조사〉, 김시우 엮음, 《가락불교와 장유화상》, 가락불교 장유종 불조사, 1999.

백금숙, 〈19세기 불교계의 동향과 국가의 정책〉, 고려대학교 석사학위논문, 2000.

백승충, 〈녹산 문화 유적 학술 조사 보고〉, 《한국민족문화》 4, 1991년 12월.

______, 〈가야의 개국 설화에 대한 검토〉, 《역사와 현실》 33, 1999.

선석열, 〈신라 속의 가야인들〉, 《한국 고대사 속의 가야》, 혜안, 2001.

송준호, 〈한국에 있어서의 가계기록의 역사와 그 해석〉, 《역사학보》 87, 1980.

와그너, 에드워드, 손숙경 옮김, 〈역사 자료로서의 한국 족보〉, 《인문과학연구》 5, 동아대학교, 1999.

이광수, 〈고대 인도-한국 문화 접촉에 관한 연구: 가락국 허왕후 설화를 중심으로〉, 《비교민속학》 10, 1994.

______, 〈《마하완사》와 《삼국유사》에 나타난 불교의 역사관〉, 《부대사학》 23집, 1999.

______, 〈가락국 허왕후 도래 설화의 재검토: 부산-경남 지역 불교 사찰 설화를 중심으로〉, 《한국고대사연구》 31집, 2003.

______, 〈삼국과 고려의 불교 벽사 의례의 정치학〉, 《역사와 경계》 43집, 2002.

이능화, 《조선불교통사朝鮮佛敎通史》 상·중편, 경인문화사, 2000.
이덕일, 《세상을 바꾼 여인들》, 옥당, 2009.
이영식, 〈《駕洛國記》의 史書的 檢討〉, 《강좌 한국고대사》 5권, 가락국사적개발연구원, 2002.
______, 〈가야불교의 전래와 문제점〉, 《가야문화》 11, 1998.
이이화, 《한국사 이야기 2》, 한길사, 1998.
이종기, 《가야공주 일본에 가다》, 책장, 1995.
______, 《가락국탐사》, 일지사, 1977.
이헌재, 〈쌍어문의 분포와 상징〉, 《경기사론》 제2집, 1998.
이호진, 〈2014 부산, 우리가 잊고 지내는 것들—9. 오래된 미래, 다문화〉, 《부산일보》 2015년 5월 12일.
임재해, 〈설화 자료에 의한 역사 연구의 방법 모색〉, 《설화와 역사》, 집문당, 2000.
정경희, 〈삼국시대 사회와 불경의 연구〉, 《한국사연구》 63집, 1988.
정중환, 〈가락국기의 문헌적 고찰〉, 《가야문화》 3, 1990.
한영우, 〈17세기 후반~18세기 초 홍만종의 會通思想과 歷史意識〉, 《한국문화》 12, 1991.
허명철, 《가야불교의 고찰》, 종교문화사, 1987.
홍윤식, 〈가야불교에 대한 제문제와 그 사적 위치〉, 《가야고고학논총》, 가락국사적개발연구원, 1992.

Axel, Michaels, Barbara Harshav trans., *Hinduism, Past and Present* (New Delhi: Orient Longman, 2005).
Bakker, Hans, *Ayodhya* (Groningem: Edbert Forsten, 1986).
Bechert, Heinz, "The Beginnings of Buddhist Historiography: Mahāvaṃsa and Political Thinking", Bardwell L. Smith, *Religion and Legitimation of Power in Sri Lanka* (Chambersburg: Columbia University Press, 1978).
Champakalakshmi, R., "Urbanisation in South India: the Role of Ideology and Polity",

proceedings Indian History Congress (Indian History Congress, 1986).

Clifford, Regina T., "The Dhammadīpa Tradition of Sri Lanka: Three Models within the Sinhalese Chronicles", Bardwell L. Smith, *Religion and Legitimation of Power in Sri Lanka* (Chambersburg: Columbia University Press, 1978).

Dutt, S., *Buddhist Monks and Monasteries of India* (Delhi: Motilal Banarasdas, 1962).

Gupta, Dipankar, "Between Ethnicity and Communalism: The Significance of the Nation-State", Ravinder Kaur, ed., *Religion, Violence and Political Mobilisation in South Asia* (New Delhi: Sage Publications, 2005).

Greenwald, Alice, "The Relic on the Spear: Historiography and the Saga of Duṭṭagāmaṇī", Bardwell L. Smith, *Religion and Legitimation of Power in Sri Lanka* (Chambersburg: Columbia University Press, 1978).

Fa-hsien, *A Record of a Buddhistic Kingdoms. being an Account by the Chinese Monk Fa-hsien of His Travel in India and Ceylon (A.D.399-414) in Search of Buddhist Book of Discipline* (London: Clarendon Press, 1965. 초판 1886).

Geiger, Wilhelm, *The Mahāvaṃsa or The Great Chronicle of Ceylon* (London, 1912).

Guha, R., *History at the Limit of World-History*. 이광수 옮김, 《역사 없는 사람들》, 삼천리, 2011.

Gunawardana, R. A. L. H., "The Kinsmen of the Buddha: Myth as Political Charter in the Ancient and Early Medieval Kingdoms of Sri Lanka", Bardwell L. Smith ed., *Religion and Legitimation of Power in Sri Lanka* (Chambersburg: Columbia University Press, 1979).

________________, *Robe and Plough: Monasticism and Economic Interest in Early Medieval Sri Lanka* (Tucson: The University of Arizona Press, 1979).

Hansen, Thomas Bloom, *Violence in Urban India: Identity Politics, 'Mumbai', and the Postcolonial City* (New Delhi: Permanent Black, 2001).

Hara, Mimoru, "Rama Stories in China and Japan: A Comparison" K. R. SrinivasaI-tsing, Takakusu trans., *A Record of the Buddhist Religion as Practised in India and Malay*

Archipelago (A.D. 671–695) (Delhi: Munshiram Manoharlal, 1998, 초판 1896).

Iyengar ed., *Asian Variations in Ramayana* (Delhi: Sahitya Academi, 1983).

Kosambi, D. D. 'Dhenukakata', A. J. Syed ed., *D. D. Kosambi on History and Society: Problems of Interpretation* (Bombay: University of Bombay Publication, 1985).

Lee Dukil, "Historical Issue of Heo Hwang–ok (Queen of Gaya)", *Shared Heritage–as New Variable in the Indo–Korean Relations: Historicizing the Legend of the Princess from Ayodhya and its Historicity* (New Delhi: Indian Council of Cultural Relations, 2015).

Lee, Kwangsu, *Buddhist Ideas And Rituals in Early India and Korea* (New Delhi: Manohar, 1998)

Liu, Xinru Liu, *Ancient India and Ancient China: Trade and Religious Exchanges, AD 1–600* (New Delhi: Oxford University Press, 1988).

Oldenberg, Hermann ed., trans., *The Dīpavaṃsa. An Ancient Buddhist Historical Record* (London, 1879).

Paranavitana, Senerat, "Mahānāma, The Author of Mahāvaṃsa", *University of Ceylon Review*, XX, 1962.

Philips, C. H. ed., *Historians of India, Pakistan and Ceylon* (London, 1961).

Ray, Himanshu P., "Early Trade in the Bay of Bengal", *Indian Historical Review* Volume XIV Numbers 1–2(July 1987 & January 1988).

______________, *Monastery and Guild* (Delhi: Oxford University Press, 1986).

______________, *The Winds of Change: Buddhism and the Maritime Links of Early South Asia* (New Delhi: Oxford University Press, 1995).

Sahay, Anand K., ed., *The Republic Besmirched: 6 December 1992* (New Delhi: Safdar Hashmi Memorial Trust, 2002).

Sarao, K. T. S., *Urban Centres and Urbanisation as Reflected in the Pali Vinaya and Sutta Pitakas* (Delhi, Vidyanidhi Prakashan, 1990).

Sarkar, H. B., "The Ramayana in South–East Asia: A General Survey", K. R. Srinivasa Iyengar ed., *Asian Variations in Ramayana* (Delhi: Sahitya Academi, 1983).

Sharma, R. S., *Urban Decay in India* (Delhi: Munshiram Manoharlal, 1987).

Shimada, Akira, "The Urban Context of Early Buddhist Monuments in South Asia", Jason Hawkes & Akira Shimada ed., *Buddhist Stupas in South Asia: Recent Archaeological, Art–Historical, and Historical Perspectives* (New Delhi: Oxford University Press, 2009).

Smith, Bardwell L. "The Ideal Social Order as Portrayed in the Chronicles of Ceylon", Bardwell L. Smith, *Religion and Legitimation of Power in Sri Lanka* (Chambersburg: Columbia University Press, 1978).

Spiro, Melford E., *Buddhism and Society. A Great Tradition and Its Burmese Vicissitudes* (London: George & Unwin Ltd., 1971).

Tambiah, S. J., "The Magical Power of Words", *Man* 3, no. 2.

Warder, A. K., *An Introduction to Indian Historiography* (Bombay, 1972).

Yazdani, G., *The Early History of the Deccan* vol. I & II (New Delhi: Oriental Reprint, 1960).

찾아보기

【ㄱ】

〈가락국기〉 8, 10, 11, 20~24, 26, 28, 31~33, 37, 41, 43, 50, 51, 53, 58, 67, 68, 76, 79, 82, 83, 86~88, 101, 103, 104, 110, 113, 155, 176~180

《가락국선원보駕洛國璿源譜》 138

《가락국탐사》 143, 154, 155, 182

《가락삼왕사적고駕洛三王事蹟考》 95

가야(국) 6, 11~13, 26, 33, 35~37, 41, 42, 126, 127, 156, 157, 167, 177

《개황력開皇曆》/《개황록開皇錄》 24~26, 28, 36, 51

《경상도속찬지리지》 82~84, 86~88, 93

《경상도지리지》 81~83

구형왕릉 102, 103

굽따 54, 57, 149

금관지주사 85

김병모 7, 41, 126, 127, 144~147, 150, 156~164, 176, 179, 180, 182~184, 187

김유신 24~26, 36~38

김태식 24, 26, 27

김해 7, 10, 11, 68, 69, 72, 87, 88, 99, 100, 103, 106, 109, 110, 113~117, 119, 120, 125, 131, 136, 139, 146, 152~155, 162, 166, 167, 169, 178, 187, 188

김해김씨 8, 91, 102, 103, 144, 164, 169, 185

깐수, 무함마드 186

꾸샨 54, 71, 111, 127, 145, 156~160, 163

【ㄴ】

남방불교 41~43, 116, 185, 186

납릉 146, 147

【ㄷ】

담마디빠dhammadipa 49

돌배 110, 111, 113~115

【ㄹ】

라마 9, 56, 57, 59, 60, 150, 156, 171, 172

《라마야나》 7, 9, 45, 53, 54, 56~60, 62, 64, 81, 149, 150, 156, 171, 172

【ㅁ】

《마하완사》 46, 47, 49

망산도 27, 28, 113~117, 120

명월사 99~101, 104, 106, 126, 136, 146, 153, 154, 161, 162, 178

무속(신앙) 109, 110, 114, 116, 120, 122

미추왕릉 사건 25

밀교 121

【ㅂ】

《바수반두법사전婆藪盤豆法師傳》 61

법현 56

벽사 의례 133~135

보리암 109~112

보주태후 82~84, 86, 104, 162, 178

불교 7, 11, 20, 21, 23, 32~35, 38, 41~49, 53, 59, 60, 62~64, 70~75, 81, 83, 84, 96~98, 101, 103, 105~107, 109, 111, 112, 120~125, 127, 132~136, 150, 161, 162, 164~166, 169, 176, 177, 179, 180, 183, 185, 185, 186

불교사관 42, 43, 46, 134, 179

불국토 49, 51, 67, 73, 132

【ㅅ】

사께따 54, 56, 81, 153

사이비 역사학 9, 10, 13, 21, 46, 126, 127, 140, 143~145, 153, 163, 176, 178~184, 186, 189

사천(성) 127, 128, 145, 157, 160

《삼국사기》 25

《삼국유사》 8, 10~12, 20~24, 27, 31, 32, 34, 37, 41, 42, 46, 47, 49, 50, 58, 67, 68, 73, 76, 79, 81, 85, 88, 104, 110, 113~115, 124, 125, 154, 155, 165, 176~178, 180, 183, 185, 186

설화 12, 20, 31, 32, 35~38, 48, 49, 64, 67, 75, 79, 85~87, 92, 94~98, 101, 106, 107, 110, 112, 116, 118, 123, 125, 164, 176, 177, 179, 186~188, 192, 193

수로왕 6, 10, 11, 19, 20, 22, 23, 26, 27, 31~33, 35~38, 41, 50, 58, 76, 85, 91~94, 96, 97, 101, 104~106, 113, 118, 119, 131, 154, 175, 177,

179, 180, 184~186
스리랑카 46, 47, 49, 58, 116, 123, 134
《신증동국여지승람》 84
신화 7, 9, 10, 12, 19~21, 26, 27, 32, 35~38, 42, 44~46, 48, 49, 54, 56~58, 74, 81, 84, 86, 115, 124, 134, 144, 164, 165, 171, 175~180, 183, 186, 188~193
쌍어문 7, 146~149, 151, 164, 170, 182, 188

【ㅇ】
아쇼까 5, 47~49, 54, 73, 74
아요디야 6, 7, 9, 11, 28, 53, 54, 56~58, 60, 62, 63, 71, 81, 82, 111, 127, 145~158, 160, 161, 163, 166, 168~173, 180, 182, 185
아유타(국) 10, 12, 20, 22, 33, 35, 41~45, 50, 51, 53, 58, 60~64, 67, 68, 70, 72, 74, 81, 83, 84, 104, 126, 127, 145, 155, 169, 176
양천허씨 81, 91~93, 103, 144, 164, 178
역사 교과서 171, 172, 181
영축산 124
왕후사 23, 31~33, 35~38, 41~43, 104, 105
웃따르쁘라데시 53, 147, 149, 170
《육도집경六度集經》 60, 64
은하사 106
이능화 125, 126
이덕일 185
《이암집頤庵集》 94, 95
이영식 24~26, 33, 42, 83, 119
이이화 184, 185
이종기 7, 73, 137~139, 143~156, 159, 161, 163, 176, 179, 181, 182, 184~187
인도국민당Bharatiya Janata Party 171~173

【ㅈ】
장유사 37, 38, 103~106
장유종 139, 169
장유화상 11, 42, 99~101, 103~107, 109, 125, 126, 128, 131, 136, 153, 154, 164, 169, 178, 180
족보 8, 37, 38, 85, 86, 92~94, 98, 99, 103, 139, 178
《진양지晉陽誌》 98

【ㅊ】
천축 82
칠불암 95, 97, 104, 137

【ㅌ】

통도사 124, 125

【ㅍ】

파사석탑 11, 22, 67~70, 72, 73, 75, 76, 88, 110~112, 115~118, 132, 146, 147, 155, 165~167, 184

《편년가락국기編年駕洛國記》 137, 138

【ㅎ】

《해동고승전》 34

해은사 116~120, 122

허명철 7, 41, 144, 145, 166, 180

허왕후 5~13, 19~21, 23, 26~28, 31~33, 35, 37, 38, 41~43, 50, 51, 58, 63, 64, 67, 68, 70~76, 79~88, 91~99, 101, 103~107, 109~116, 118~120, 122, 126~128, 132, 136, 138, 139, 143, 145~151, 154~156, 158~173, 176, 178~182, 185~187

허왕후릉 7, 38, 68~70, 85~88, 91, 92, 112, 116, 146, 167, 169, 178

허엽 91, 94

허적 91~93

현장 56, 59, 60, 160

호계사 22, 68, 69, 72, 117, 177

흥국사 34, 99, 100, 153, 154

힌두(교) 44~46, 53, 56~59, 62, 64, 81, 121, 148, 150~154, 156, 159, 172

힌두 민족주의 9, 171, 172, 176

인도에서 온 허왕후, 그 만들어진 신화

⊙ 2017년 1월 19일 초판 1쇄 발행
⊙ 2018년 7월 20일 초판 2쇄 발행
⊙ 글쓴이 이광수
⊙ 펴낸이 박혜숙
⊙ 디자인 이보용
⊙ 펴낸곳 도서출판 푸른역사
우) 03044 서울시 종로구 자하문로8길 13
전화: 02) 720-8921(편집부) 02) 720-8920(영업부)
팩스: 02) 720-9887
전자우편: 2013history@naver.com
등록: 1997년 2월 14일 제13-483호

ISBN 979-11-5612-085-8 93900